AF309998

MEMOIRE

A CONSULTER.

E ſieur Payen Ducheſnay, Avocat en Parle-
ment, ancien Echevin de la Ville d'Avranches,
ſe trouve violemment maltraité par deux Ordonnances de Monſieur l'Intendant de la Généralité de Caën. Entr'autres choſes elles le
deſtituent de la place de premier Echevin onze
mois avant l'expiration du tems qu'il avoit à remplir; elles ont
été rendues ſans qu'il ait été ni appellé ni entendu, & ſans qu'il
ait eu communication des délations qui en ont été le prétexte;
on lui a même refuſé la faculté de ſe juſtifier, quoiqu'il l'ait
demandé, & que l'Ordre des Avocats ſe ſoit joint à ſes inſ-
tances. Il avoue néanmoins qu'il n'en auroit point été affecté,
s'il n'avoit eu à regretter que les fonctions attachées à ſa charge;
mais, comme l'on a prétexté pour motifs de cet affront ſon incapacité, ſes égaremens, ſes emportemens & ſa mauvaiſe adminiſtration, il croiroit manquer à ſon Ordre, à ſa famille, à
lui-même, s'il gardoit le ſilence à la vûe de ces imputations injurieuſes. Elevé dans des ſentimens d'honneur & de probité,
il oſe aſſurer qu'il ne s'en eſt jamais écarté; la juſtice a toujours
été la regle de ſa conduite; & à une conſcience ſans reproche

A

il a eu la fatisfaction de réunir en fa faveur, dans le moment même de fa difgrace, les témoignages les plus éclatans fur la droiture de fes intentions. Malheureufement les hommes les plus attachés à leur devoir font ceux qui s'attirent, pour l'ordinaire, le plus d'ennemis : comme ils ne font aucune acception des perfonnes, ils deviennent à l'inftant criminels aux yeux de celles à qui ils ont la fermeté de réfifter. Telle eft exactement la fource de la perfécution qu'on a fait éprouver au fieur Payen, les faits mettront le Confeil en état d'en juger plus particulierement, & de lui indiquer les moyens qu'il croira les plus convenables à lui obtenir la juftice qu'il fe flatte de mériter.

F A I T.

La Ville d'Avranches eft fituée à l'extrêmité occidentale de la Normandie. Sa pofition lui interdit tout commerce & toute manufacture : elle feroit dépourvue de toute reffource fans le fel blanc qui fe fabrique dans fon territoire, & que le Souverain lui permet de débiter dans un certain canton de la Baffe-Normandie. *

Les Habitans, au nombre d'environ quatre mille, font divifés en plufieurs claffes ; le Clergé, quelques Familles nobles, les Gens de Robe, les Marchands & les Artifans.

Le trafic des Marchands confifte uniquement dans l'importation, ils font fortir les efpèces & n'en font point rentrer.

Les Eccléfiaftiques vivent du revenu modique de leurs benéfices, & de quelques héritages patrimoniaux ; les Nobles du

---

* Il n'eft cependant point de refforts que l'on n'ait journellement fait jouer pour parvenir à la deftruction de ces Salines. Le fuccès d'un pareil projet entraîneroit la ruine de l'Election d'Avranches, & porteroit un préjudice confidérable à celles de Coutances, Domfront, Mortain, &c. où elles occafionnent une confommation confidérable de denrées. Le fieur Angot, Subdélégué à Avranches, & qui va jouer un des principaux rôles dans ce Mémoire, a néanmoins foutenu de tout fon crédit le nommé Hugon de Grand-Ville, qui a imaginé un nouveau fyftême pour la deftruction fatale de ces Salines. Afin de donner une apparence d'utilité & de poffibilité à ce projet pernicieux, il a fait lever un plan du terrein en grevage, qu'il reclame fans aucune apparence de droit.

La Ville en voulut faire lever un de fon côté pour contefter celui de Hugon ; mais M. le Subdélégué empêcha, de fon autorité, les Géometres de la Ville de travailler.

produit de leurs Fiefs, & de quelques métairies qu'ils possèdent
aux environs de la Ville ; les Gens de Robe ont la même reffource, & y joignent le fruit de leur travail ; le refte trouve fa
fubfiftance dans les ouvrages manuels.

Ce tableau, qui eft d'après nature, préfente une Ville bien
éloignée de l'opulence ; elle a donc plus befoin qu'une autre
d'une adminiftration équitablement combinée, pour être à portée de fournir au Roi les impofitions que les néceffités de l'État
exigent.

Relativement au gouvernement municipal, elle eft divifée
en huit Corps qui s'affemblent par députés pour l'Election des
Officiers municipaux : ces huit Corps font le Chapitre de la
Cathédrale, les Officiers du Bailliage, ceux de l'Election, les
Avocats, & les quatre Paroiffes de la Ville.

Les Officiers municipaux font au nombre de cinq ; un Maire,
deux Echevins, un Procureur du Roi & de la Ville, & un
Greffier. Le Roi a accordé la propriété de ces Offices à la Ville,
qui en a payé la finance ; à l'exception de celui de Procureur du
Roi dont le fieur Maincent s'eft fait pourvoir. C'eft en conféquence de cette propriété qu'elle eft dans le droit & dans l'u-
fage de nommer librement fes Officiers, & de les mettre en
place pour trois ans.

Entre les fonctions qui leur font attribuées, ils participent à
l'adminiftration de l'Hôpital, ils reglent les logemens des
Gens de Guerre qui font en garnifon dans la Ville, ou qui
y paffent pour fe rendre où les ordres du Roi les appellent, &
font les impofitions néceffaires pour les fournitures dûes à ces
Troupes.

Enfin ils font chargés de la régie des droits d'entrées qui fer-
vent à former le fonds pour lequel Sa Majefté a trouvé bon que
la Ville s'abonnât pour fa contribution aux Tailles & pour le
don gratuit.

Leurs fonctions, qui deviennent difficiles à mefure que le
nombre des Troupes augmente, n'ont d'autre récompenfe
que le travail affidu qu'elles occafionnent, les plaintes & la haine
de ceux qui fe croyent léfés dans la repartition des impofitions.
Et quel eft l'Habitant qui ne croye fa cotte toujours trop
forte ?

Quant aux revenus municipaux, il n'en exifte aucun : la Ville eft cependant chargée de dépenfes journalières & confidérables.

Telle eft l'idée de l'état politique de la Ville d'Avranches, qu'on eft prié de ne point perdre de vûe.

Monfieur l'Intendant de la Généralité de Caën s'eft choifi pour Subdélégué dans l'Election de cette Ville MESSIRE GILLES ANGOT, SEIGNEUR DE LA BRETECHE*, DU HOMME ET DU MESNILTERRE'.

Cette *Dignité*, qu'il avoit tant recherchée, n'étoit point indifférente ; elle le mettoit à portée de protéger ouvertement les riches contre les pauvres, & de relever fon crédit expirant.

Le *Seigneur* de la Bretêche étoit en place, lorfque le 19 Fevrier 1757 Me Payen du Chefnay, Avocat, fut élu premier Echevin pour trois ans. Au mois de Mai 1758 le fieur Harivel d'Auffais, Avocat du Roi au Bailliage, fut élu Maire, & le fieur François Richer de Laforge fecond Echevin. Le fieur Lecourt, Libraire & Imprimeur, faifoit depuis long-tems les fonctions de Greffier.

Le fieur Payen fe trouva, par les circonftances, chargé feul de prefque tout le poids de l'adminiftration municipale : mais il envifagea fes fonctions fous un point de vûe différent que M. le Subdélégué n'envifageoit les fiennes. Le premier crut que les charges publiques devoient être fupportées par chaque Citoyen à proportion de,fes facultés, & que nulle confidération ne devoit porter atteinte à ce plan d'équité ; l'autre au contraire, perfuadé que toute la faveur doit rejaillir fur les riches & fur leurs protégés, ne s'écarta jamais de ce fyftême.

Il n'étoit pas poffible que deux perfonnes qui avoient des vûes fi différentes puffent quadrer dans leurs opérations ; des raifons particulieres & tirées du caractère du fieur Payen avoient d'ailleurs jetté entre le *Seigneur* de la Bretêche & lui des femences de méfintelligence : & comme ç'a été la fource de leur

---

* C'eft ainfi qu'il fe qualifie dans tous les actes de la fubdélégation : cependant les deux Métairies de la Brétêche n'ont jamais été que de fimples rotures. Le fieur Angot, Subdélégué, les a même vendues, il y a environ vingt-cinq ans, fans s'être refervé le droit d'en porter le nom.

5

diviſion, il eſt néceſſaire d'entrer dans quelque détail à cet égard. Pour le faire avec ordre, il faut commencer par rappeller l'état où ſe trouvoit la Ville d'Avranches relativement à l'adminiſtration municipale, lorſque les Officiers dont on vient de parler prirent leurs fonctions.

Avant la guerre, on étoit accoutumé à voir tout au plus dans la Ville deux Compagnies de Cavalerie en garniſon. Pour les loger on avoit acquis, il y a pluſieurs années, une maiſon que l'on avoit garnie de tous les meubles néceſſaires à une Caſerne. Ce logement n'a pas, à beaucoup près, été ſuffiſant pour contenir les Troupes que le Roi a envoyées à Avranches dans ces dernières années. On fit de nouvelles Caſernes de toutes les maiſons que l'on put trouver à louer, on impoſa les loyers ſur tous les contribuables, à proportion de leurs facultés, & pour ne pas trop les fatiguer par des levées d'argent, on fit fournir en nature par ces mêmes Contribuables, & dans la même proportion, ce qu'il falloit pour rendre les Caſernes habitables ; les logemens des Officiers leur furent aſſignés chez ceux des Bourgeois dont les maiſons ſont aſſez commodes *. Le ſurcroît nombreux des Troupes a ſouvent rendu ces arrangemens inſuffiſans, & les Habitans ont encore été obligés de loger chez eux des Soldats.

On entend que, dans ces circonſtances critiques, toutes les reſſources que pouvoit avoir la Ville lui devenoient chaque jour néceſſaires de plus en plus. Il lui étoit dû, depuis très-long-tems, des ſommes conſidérables ; comme elles ſont deſtinées aux dépenſes publiques & au ſoulagement des pauvres, il s'agiſſoit d'en pourſuivre le recouvrement.

Le ſieur Vivien, Lieutenant Général au Bailliage, fût le premier auquel on s'adreſſa ; il devoit 2000 livres à l'Hôpital, ſon billet étoit ſur le point de ſe preſcrire : on mit la queſtion ſur le tapis au Bureau de l'Hôpital, le ſieur Payen propoſa l'opinion que ſa conſcience lui dictoit, & la ſomme fut payée.

Le même Magiſtrat devoit 7 à 800 livres à la Ville depuis

---

* Cependant, contre l'avis du ſieur Payen, on impoſoit les Bourgeois qui logeoient ainſi les Officiers & leurs Domeſtiques, pour leur portion des loyers des Caſernes ; ainſi on leur faiſoit ſupporter double charge pour le même objet.

quarante-fept ans; l'affaire mife en délibération , ce premier
Echevin & Avocat en même tems dit encore ce qu'il penfoit :
on agit en conféquence. Le débiteur ne put foutenir les fins de
non recevoir qu'il avoit propofées en la Chambre des Comptes
de Normandie, où l'affaire étoit pendante depuis plus de vingt
ans, il fit fignifier un défiftement ; mais le payement eft encore
à faire.

Le fieur Lottin , premier Avocat du Roi au Bailliage ,
doit un compte à la Ville , depuis plus de trente ans, pour fon
pere qui en a touché les deniers en qualité de Syndic ; toutes les
démarches du fieur Payen & de fes Collegues, pour parvenir à
voir ce compte , ont été infructueufes , & il n'eft pas encore
rendu.

Un fieur Muriel , l'un des plus riches Marchands d'A-
vranches, étoit dans le même cas : il avoit été fucceffivement
adjudicataire de deux baux du Tarif de la Ville ; le fecond de
ces deux baux , dans lequel il avoit pour affociés huit des principaux d'entre fes Confreres, duroit encore dans le tems que le
fieur Payen entra en place.

Cet Echevin crut que les fonds de la Ville feroient mieux em-
ployés au foulagement des Pauvres, qu'à produire des intérêts à
Muriel & à fes Affociés dans leur trafic ; il le fit pourfuivre pour
la reddition du compte. Après l'examen fait par le fieur Payen
feul de plus de 500 pieces au foutien, le Comptable fut trouvé
reliquataire d'une fomme affez confidérable ; fur quoi intervint
une Ordonnance du Bureau de la Ville, par laquelle il fut dit
qu'il payeroit cette fomme dans huit jours , finon , & faute de
ce, que le *par corps* prononcé par la Sentence d'adjudication
feroit mis à exécution ; mais jufqu'àpréfent cette Ordonnance
n'a été exécutée dans aucun de fes chefs.

Enfin le fieur Maincent , Procureur Syndic en titre , a
touché en cette qualité différentes fommes dont il eft comptable.
Le fieur Payen, à force d'inftances , a obtenu de lui qu'il
rédigeât ce compte ; mais jamais il n'a pu fe déterminer à le
préfenter.

Ce premier Echevin étoit dans l'intention de faire rendre à
la Ville tous les autres comptes qui lui étoient dûs, & d'en faire
payer les reliquats , *indè prima mali labes.*

L'ardeur du fieur Payen pour les intérêts de la Ville ne pouvoit fe manifefter dans un tems où elle en eût plus de befoin ; fes coffres fe trouvoient abfolument vuides ; le peuple gémiffoit fous le poids des furcharges qui augmentoient à toutes minutes ; mais quelque placé que fût le zele de ce premier Echevin, auquel fa charge même en faifoit un devoir, il ne pouvoit manquer de déplaire à des perfonnes moins touchées du bien public que de leurs intérêts perfonnels.

Ces comptables font donc devenus autant d'adverfaires du fieur Payen ; & le *Seigneur* de la Bretêche les a reçus à bras ouverts, comme des partifans qui ne pouvoient manquer de favorifer fa vengeance & fon reffentiment fecret contre cet Officier municipal.

Et en effet le fieur Payen eft Sénéchal de Madame de Precey : M. le Subdélégué eft propriétaire dans cette Paroiffe du petit Fief du Homme. Pendant la minorité de M. de Clinchamps, fils de Madame de Precey, le Sieur Angot s'étoit fait rendre, pour fon Fief du Homme, des aveux, & avoit touché des lods & ventes de plufieurs tenanciers qui relevoient de la Terre de Precey. Le fieur Payen, en fa qualité de Sénéchal, fit revenir une partie de ces vaffaux égarés, leur fit rendre de nouveaux aveux, & eft fur le point de leur faire payer une feconde fois les lods & ventes des nouvelles mutations, fauf leur recours contre qui & comme bon leur femblera.

Ces pourfuites indifpofoient le *Seigneur* de la Bretêche ; mais ce n'eft pas la feule occafion où la conduite du fieur Payen ne s'étoit pas trouvée de fon goût. Perfonne n'ignore que le miniftère d'un Subdélégué, relativement aux affaires municipales, fe borne à rendre les rôles d'impofition exécutoires ; ce n'eft point à lui à les changer, c'eft le devoir des feuls Officiers municipaux : cependant le Sr Angot les garde chez lui, &, de fa feule autorité, il raye les uns, augmente & diminue les autres, met au rang des nobles & exempte d'impofitions des perfonnes dont tout le privilège fe borne à fa volonté. En un mot, quand ces rôles fortent de fes mains, ils font tellement embrouillés, que ce ne font plus que de fimples minutes, fur lefquelles il faut faire de nouveaux originaux. Le fieur Payen s'étoit cru permis

de témoigner quelque mécontentement sur de pareilles entre-
prises ; il est assez naturel de penser qu'elles n'auront fait qu'ac-
croître contre lui la haine & l'inimitié de M. le Subdélégué ,
dont les volontés sont des loix : on en peut citer un exemple
bien frappant.

On a déja observé que la Ville d'Avranches n'a aucun revenu , & a de fortes charges à soutenir. Le Roi, pour y pourvoir,
ordonna que pendant un an on percevroit trois livres par en-
trée de chaque tonneau de cidre ; ce qui produisit environ
3000 livres , dont partie fut mise en dépôt , & partie entre les
mains du Receveur des Aydes. Lorsque le Roi eut imposé le
don gratuit, Sa Majesté fit demander aux Villes si elles n'a-
voient point quelques sommes en reserve pour en faire les
avances , lesquelles seroient retenues sur le produit des droits
affectés au payement de ce don gratuit. Les Officiers municipaux s'assemblèrent , & s'empressoient de rendre un compte
fidèle de l'état des choses. Le *Seigneur* de la Bretêche, Subdélégué , en fut averti ; il se rendit à l'Hôtel de Ville , & dit aux
Officiers municipaux *qu'il falloit repondre qu'il n'y avoit point
d'argent, qu'un de ses amis le lui avoit mandé.* Le conseil pré-
valut contre la vérité & contre le respect dû aux ordres du
Souverain ; tant on craint de resister au *Seigneur* Subdélégué
dans ce qu'il propose !

Peu de tems après, il fut question de procéder à une imposition
pour le payement des loyers des maisons qui servent de Ca-
sernes ; le *Seigneur* de la Bretêche y fit ajouter 1100 livres pour
les pailles du Régiment d'Horion , qui a été en cantonnement
à Avranches pendant vingt-six jours. Le sieur Payen remontra
d'abord que ces pailles n'étoient point à la charge de la Ville ,
& qu'au surplus elles avoient été prises dans les magasins du Roi;
il ajouta enfin que, suivant l'imposition que l'on proposoit,
elles étoient estimées sur le pied de six deniers la livre , tandis
qu'il est constant qu'elles ne valent que trois deniers dans le
Pays. Ce premier Echevin auroit trahi le devoir de sa place
s'il n'eût fait ces représentations ; cependant elles n'eurent d'autre succès que d'aigrir le *Seigneur* Subdélégué.

L'on fut ensuite obligé de loger le même Regiment chez le
Bourgeois pour quatre jours seulement. Lors de ce logement
les

Officiers municipaux envoyèrent à la Demoifelle la Hupe, veuve riche, & tante du Préfident actuel de l'Election, deux Garçons Chirurgiens ; elle refufa d'ouvrir la porte de fa maifon ; tout étoit plein, & il n'étoit pas poffible de leur affigner d'autre logement. Ces Officiers prirent le feul parti qui leur reftoit dans l'embarras & dans le tumulte où ils fe trouvoient ; ils envoyèrent les deux Chirurgiens à l'Auberge aux dépens de la Demoifelle la Hupe. Son neveu employa la rufe & en même tems le crédit du *Seigneur* de la Bretêche ; on extorqua des deux Fraters un certificat qui atteftoit qu'on avoit refufé de les envoyer chez le fieur Trouffel, Enquêteur & gendre de la Demoifelle la Hupe. Outre que ce fait étoit faux, on n'auroit pas pu en faire un crime aux Officiers municipaux, puifque le fieur Trouffel étoit déja chargé du logement de trois Soldats, & que la veuve la Hupe n'a d'autre privilège que la protection de M. le Subdélégué. Néanmoins, quand on fut armé de ce certificat, que l'on eut grand foin de tenir fecret, on préfenta, par le confeil du *Seigneur* de la Bretêche, une Requête à M. l'Intendant, dans laquelle on lui remontroit *que les Maire & Echevins étoient des bêtes qui avoient perdu la tête, des perfonnes injuftes, &c.* Sur une Requête auffi indécemment libellée, & fur l'avis de M. le Subdélégué, fut rendu une Ordonnance qui déchargeoit la veuve la Hupe du payement de ce logement, & y condamnoit perfonnellement les Officiers municipaux.

Tóus les Bourgeois étoient furchargés de logemens, il reftoit encore quelques Officiers à placer : on fe décida à leur louer des chambres. La taxe du fieur la Hupe, Préfident de l'Election, pour fa contribution à ces loyers & à tout autre logement, fut de quarante fols pour un hiver entier. Le tems de crife où l'on fe trouvoit, la mifère des pauvres, n'empêchèrent point M. le Préfident de trouver que quarante fols étoient pour lui une fomme exhorbitante, & fur l'avis du Subdélégué, il en fut affranchi.

Le defpotifme du fieur Angot s'étend à tout. Un Officier du Régiment de Lorraine demanda un jour à l'Hôtel de Ville un cheval d'ordonnance : comme il n'avoit point d'ordre du Roi ni de fes Supérieurs, & que fon voyage n'avoit d'autre objet que d'aller paffer quelque tems dans fa famille, il n'étoit pas juste de lui accorder ce qu'il demandoit ; d'autant plus que, ne s'agiffant pas du fervice, les Loueurs de chevaux auroient pu avec raifon actionner les Officiers municipaux en leur nom. L'Officier eut recours à l'autorité toute puiffante du *Seigneur* de la Bretêche, qui donna un ordre, & accompagna cette faveur des expreffions les plus dures contre le fieur Payen ; enforte que l'Officier de retour à l'Hôtel de Ville, fe croyant déchargé de tous égards, accabla le fieur Payen d'invectives, & le menaça même impunément de lui paffer fon épée au travers du corps. Cette fcène eut pour témoins les Députés de tous les Corps qui étoient affemblés dans ce moment.

Le nommé Efnoult, Marchand, tient à fieffe de M. le Gouverneur le Corps de Garde de la Ville d'Avranches pour le prix de *huit liv. par an*. On a ftipulé pour condition expreffe que, lorfqu'il arriveroit des Troupes, Efnoult leur abandonneroit ce Corps de Garde. Ce Marchand a jugé à propos d'élever un petit cabinet fur ce fallon fervant de Corps de Garde. La préfente guerre a occafionné un paffage prefque continuel de Troupes : il falloit par conféquent qu'Efnoult leur cédât ce logement, fon titre y étoit précis. Il préfenta fa Requête à M. l'Intendant, pour que la Ville fût tenue de lui payer 14 liv. par mois depuis trois ans, & la continuation de cette fomme à l'avenir, pour le dédommager de fon cabinet. Il n'avoit cependant pas été obligé de le faire bâtir, il n'auroit pas dû entreprendre de le faire fur un terrein qui ne lui appartient pas irrévocablement, & qu'il devoit prévoir être obligé de céder fouvent. Ce cabinet étoit devenu le bâtiment de la Ville, puifqu'il avoit été élevé fur fon fonds : enfin ce même cabinet vaut à peine 20 fols par mois.

Le fieur Payen, fur la communication faite aux Officiers municipaux de la Requête d'Efnoult, fit valoir ces moyens ; M. le Subdélégué en murmura, il honora ce Marchand de fa bienveillance, fon avis l'emporta, & une Ville pauvre par elle-même, & furchargée par les événemens préfens, fut condamnée à payer à Efnoult 288 liv. pour les trois dernieres années, & 8 liv. par mois pour la fuite.

Le bonheur de plaire à M. le Subdélégué eft un titre toujours affuré dont on peut faire ufage dans l'occafion. Le fieur

Meflé, Controlleur des actes à Avranches, a fait faire des travaux confidérables à une maifon qu'il vient d'acquérir dans la Ville, ce qui a produit une prodigieufe quantité de décombres. Sa fortune le mettoit bien en état de les faire enlever à fes frais; mais on a fçu l'en débaraffer, fous le vain prétexte de remplir des ornières; &, comme s'il n'eût pas pu les faire conduire lui-même dans ces ornières, le *Seigneur* de la Bretêche les a fait enlever par les pauvres Payfans, à titre de corvées, dans le tems de leurs occupations aux labours, dans un tems où ils étoient fréquemment obligés de tranfporter grand nombre de Troupes & leurs bagages, dans un tems où il leur falloit faire la garde nuit & jour fur les côtes, & que la Milice Garde-côtes leur enlevoit une bonne partie de leur jeuneffe, dans un tems enfin où on les obligeoit d'aller de fix à fept lieues travailler aux fortifications de Grandville.

Le fieur Payen rappelle ces différens faits, parce qu'on ne trouvera plus extraordinaire qu'un homme qui s'arroge un pouvoir fans bornes, & qui ne veut point être contredit, ait pu lui faire éprouver la difgrace dont il fe plaint.

Avant que d'expofer les circonftances qui l'ont immédiatement précédée, il faut revenir à quelques faits particuliers de l'adminiftration du fieur Payen.

Les Officiers de l'Election avoient joui de tout tems d'une exemption générale. Le Souverain, toujours attentf aux befoins de l'Etat, venoit de fufpendre leurs privileges; le fieur Payen étoit malheureufement alors en place; il crut faire des actes de juftice, & entrer dans les vûes équitables du Gouvernement, en mettant les Elus dans la claffe de tous les autres contribuables.

A peine étoit-il inftallé, qu'une pauvre veuve appellée le Breton le vint trouver, & lui demanda fi l'on pourroit fouffrir que n'ayant qu'une falle pour tout apartement, & étant feule chez elle, deux Sergens qu'on lui avoit donnés occupaffent fon lit, tandis qu'elle feroit dans la même chambre fur de la paille. L'humanité du fieur Payen ne put foutenir le tableau d'une fituation fi trifte & fi indécente: il en fit part aux Officiers municipaux, & les deux Sergens furent envoyés chez le fieur Tefniere de Bremefnil, Confeiller en l'Election, le plus riche Bourgeois d'Avran-

,chés, qui n'étoit chargé d'aucun logement ; & par la fuite on lui en a envoyé un plus grand nombre.

Dans le même tems, le nommé Gauthier, homme fans fortune & denué de tout, avoit trois Soldats des Volontaires Etrangers; le fieur Payen reçut aufli fes plaintes, & fit paffer ces Soldats chez le fieur de la Jantiere Lieutenant de l'Election qui n'avoit qu'un Cadet.

Le fieur Dauguet, Procureur du Roy du même Siege, alleguoit des raifons pour s'excufer de loger ; elles ne parurent point plaufibles pour le fouftraire à une charge que fes facultés le mettoient en état de fupporter.

Quoiqu'il n'y eût rien que de jufte dans ces impofitions, & que le fieur Payen, d'accord avec les autres Officiers municipaux, n'eût fait que fuivre le vœu & l'intention du Souverain , cela n'a point empêché les Juges de l'Election de s'exhaler en plaintes les plus amère contre le premier Echevin en particulier.

Une foule de riches Marchands qui, de tout tems, avoient été ménagés , & pour qui il fembloit que leur fortune étoit un titre d'exemption , virent à leur tour que nulle confidération n'étoit capable de déranger le plan d'équité que le fieur Payen s'étoit formé de faire contribuer chacun proportionnellement à fes facultés. Le *Seigneur* de la Bretêche bien inftruit ne doutoit point que tôt ou tard tout le monde ne le fecondât merveilleufement dans fes deffeins.

Telle étoit la fituation des chofes, lorfque M. de Lagarde, Commiffaire des Guerres ,. prévint les Officiers municipaux que le 14 de Mars 1759, ils auroient les deux Bataillons du Regiment de Saint-Chamont à loger dans la Ville. Il ajouta que les bornes étroites de cette Ville rendant la chofe très-difficile, il falloit que les privilèges cédaffent à la néceffité ; & qu'ainfi les Nobles doivent être fujets pour cette fois au logement des gens de guerres. On travailloit à l'Hôtel de Ville fur ce plan : mais furvint tout à coup le *Seigneur* de la Bretêche Subdelegué qui déclara hautement *qu'il n'entendoit pas* que l'on violât les droits de la Nobleffe. De tout tems, il avoit, de fon autorité, mis dans la même claffe les Sieur & Dame Goffet. On ne leur connoiffoit aucun droit d'exemption , & en conféquence on les avoit impofés comme les autres

Bourgeois. Cette impofition avoit même paru d'autant plus jufte que leur opulence les met à portée de foulager les pauvres. Mais M. le Subdelegué a rayé leurs lignes des rôles d'impofition ; & depuis ce tems on n'a ofé ni les impofer, ni les charger de logement. Il a fait participer à la même faveur la Dame Bechet de Romilly ; & à l'ombre de fa protection, elle jouit également de l'exemption la plus complette. La même protection s'étend encore fur les filles héritières & qui jouiffent de leur bien, quoiqu'elles doivent naturellement, lorfqu'elles n'ont point de privilège, être foumifes aux impofitions & aux fournitures des uftenciles en nature : il y a d'ailleurs une lettre de M. l'Intendant dépofée en l'Hôtel de Ville, qui ordonne qu'elles foient comprifes fur tous les rôles. N'importe, M. le Subdelegué n'a pas penfé de même, fa volonté abfolue a prévalu, il a fallu laiffer à l'écart les ordres équitables de fon Superieur ; les filles héritières font à l'abri de toutes charges, & ce qu'elles fupporteroient reflue fur les miférables.

Le privilege de la Nobleffe, celui des deux maifons roturieres dont on a parlé, qu'il ne fut pas poffible d'enfreindre, celui enfin des filles héritières rendirent le logement du Regiment de Saint - Chamont prefqu'impraticable.

Pour y parvenir, on avoit pris le parti de furcharger ceux d'entre les Bourgeois riches à qui la protection du *Seigneur* de la Bretêche ne procuroit pas l'exemption. On impofa au nommé Duchemin, riche Chaudronier & Fripier, la fourniture de deux lits. On fçavoit qu'ayant quatre enfans, il donne à chacun d'eux en mariage des dots confiderables. Dans la circonftance preffante où l'on fe trouvoit, cette charge n'étoit point au deffus de fa portée. Cependant M. le Subdélégué envoya un bulletin à l'Hôtel de Ville pour faire retrancher un de ces deux lits.

La Maifon de Ville étoit, dans ce moment, pleine d'une foule de pauvres gens, dont les cris & les gémiffemens annonçoient une efpece de defefpoir. Ils étoient obligés de céder leurs lits aux Soldats, & de coucher fur la paille. Ce quart d'heure ne fut pas favorable ; le fieur Payen n'accueillit pas bien le bulletin ; mais fes Confreres déchargèrent Duchemin d'un demi-lit. Sa femme, après avoir dit quelques duretés à ce

Ier Echevin, alla rendre compte au *Seigneur* de la Bretêche de la façon peu obligeante dont sa recommandation avoit été reçue. Retiré *dans son Hôtel*, & entouré des personnes opulentes qui composent sa cour, il n'a point devant les yeux le spectacle atendrissant de la grande misère du peuple qui excitoit alors la compassion dans le cœur des Officiers municipaux. Il crut ses ordres négligés, & qu'un pareil attentat ne devoit pas rester impuni.

Il en fit naître l'occasion dès le lendemain ; le sieur Payen, comme premier Echevin, presidoit à l'Hôtel de Ville en l'absence du Maire, & travailloit à continuer les logemens avec les sieurs Richer second Echevin & Lecourt Secretaire & Greffier. Le Subdélégué, que l'on n'attendoit point, arriva. Pour trouver matiere à contestation, il reprocha au premier Echevin que le sieur Dubois Avocat, son beau-frere, n'étoit imposé qu'à un lit. Le sieur Payen répondit ces propres mots : « qu'on „ l'impose à ce que l'on souhaitera, c'est mon beau-frere ; je n'ai „ jamais opiné pour ni contre mes parens ; j'ai coutume de me „ retirer en pareil cas.

Tout autre que M. Angot eût été satisfait de cette réponse qui étoit conforme à la plus exacte verité. D'ailleurs il ignoroit sans doute que la cottisation de chaque Bourgeois n'est fixe qu'après la perfection des logemens ; & que, quand il se trouve du surcroît, l'on retourne sur ceux qui sont en état de supporter de l'augmentation. Les logemens de Saint-Chamont n'étoient pour lors qu'à moitié reglés ; il y avoit tout lieu de penser que les Officiers municipaux feroient leur devoir. Au surplus, en supposant que la cottisation dont il s'agissoit fût injuste, le sieur Payen n'y avoit aucune part, & il ne craint pas de défier M. le Subdelegué de lui citer une injustice volontaire dont il soit coupable.

Un sieur Corbin, ancien Procureur, entra à l'Hôtel de Ville presqu'aussi-tôt que le *Seigneur* de la Bretêche ; il adressa la parole au premier Echevin, & lui dit d'un ton fier & arrogant. „C'est „ donc vous qui dites que je suis riche ; c'est donc vous qui „ m'imposez à deux lits ? „ Le sieur Payen lui répondit, „ en „ honneur vous avez tort ; je n'ai pas fait le logement seul. Ces paroles prononcées tranquillement, loin d'appaiser Corbin, & de le faire rentrer dans le respect qu'il devoit à un Officier en fonctions, ne firent qu'augmenter fa fureur ; il repeta ce qu'il avoit dit d'abord, & le repeta d'un ton & avec les geftes les plus indécens.

Le Sr Payen, qui avoit ignoré jufqu'alors que cet homme fût fous la protection de M. le Subdelegué, fe laiffa aller à un mouvement d'impatience ; & répondit à Corbin : „ Au refte, le „ diable emporte fi vous ne méritez pas bien deux lits : vous „ avez 1200 livres de rente, vous êtes chargé de trois recettes „ confidérables, & vous êtes Greffier de deux Seigneuries „ importantes. „ Après quoi le fieur Payen, prévoyant bien que ce Protegé ne feroit impofé qu'à un lit, fe retira. Sa conjecture fut juftifiée par l'évenement.

Toutes les fonctions attachées à quelque Office que ce foit émanant du Souverain, c'eft manquer à la Majefté Royale que de s'écarter à l'égard de ceux à qui il les a confiées ; c'eft fur ce principe que l'on punit toujours quiconque trouble les operations même du moindre Sergent. L'infolence de Corbin vis-à-vis d'un premier Officier municipal dans le lieu & dans le moment de fon exercice étoit donc des plus reprehenfibles ; cependant l'on va voir que cette fcène a été le prétexte dont s'eft fervi le *Seigneur* de la Bretêche pour porter le coup le plus cruel à l'honneur & à la réputation du fieur Payen.

Il ne fe paffoit, depuis long-tems, aucun jour que les Officiers municipaux n'effuyaffent des défagrémens de toute efpece ; il n'en étoit aucun qui ne défirât de fortir au plutôt de charge ; principalement le Maire & le Greffier. Le premier alléguoit fa mauvaife fanté, mais fon véritable motif étoit de fe fouftraire aux infultes fréquentes qu'il recevoit, tant de la part des Officiers des troupes que de la part des Bourgeois, & peut-être plus encore de celle du *Seigneur* de la Brétêche, qui le ménaça un jour en plein Hôtel de ville, de le faire mettre en prifon pour une abfence de 24 heures, quoique le fervice n'en eût point fouffert. *

Le Greffier fe fondoit fur le long-tems qu'il y avoit qu'il rempliffoit fa place.

---

* C'eft un fimple Subdélégué qui ofe menacer de la prifon un Magiftrat qui eft fous la protection directe de M. le Procureur Général, dont il eft le Subftitut dans un des principaux Siéges de la Province.

Le second Echevin ne demandoit pas fa retraite , mais il étoit bien décidé à y confentir auffi-tôt qu'on le voudroit.

M. le Subdélégué, informé de cette difpofition des efprits, faifit avec art ce moment pour engager le Maire & le Greffier à préfenter leur Requête à l'effet d'obtenir leurs. démiffions ; comme il devoit néceffairement en réfulter une nouvelle élection , le Sieur Angot crut que ce même moment lui feroit favorable pour confommer fon projet de vengeance contre le fieur Payen : il adreffa en conféquence un Mémoire clandeftin à M. l'Intendant, dans lequel il accufoit ce premier Echevin d'être un emporté, d'avoir foutenu à un Procureur en face, & dans l'Hôtel de ville, qu'il avoit 1200. liv. de rente , pendant qu'il lui avoit offert de lui abandonner tout fon revenu pour 600 liv. ce qui avoit occafionné une altercation *fcandaleufe pour le public* ; que fous prétexte que lui, Subdélégué n'étoit pas de même avis que le fieur Payen , ce dernier s'étoit retiré brufquement de l'Hôtel de ville en jurant & lui faifant infulte.

Ce Mémoire fecret & la Requête des Officiers Municipaux qui demandoient à fe retirer, parurent à l'Intendance en mêmé-tems. On verra, dans un inftant, quelles en furent les fuites. Mais il eft préalable, pour l'intelligencé des chofes, de faire entrer ici un fait particulier.

Les Marchands font , à proprement parler, les feules perfonnes qu'on puiffe regarder comme riches dans la ville d'Avranches. Le fyftême d'égalité proportionnelle que le fieur Payen avoit toujours confervé dans l'adminiftration municipale les avoit irrités ; le *Seigneur* de la Brétêche ne l'ignoroit pas : il a plus d'une raifon de fe ménager ce genre de perfonnes. Pour trouver encore à l'avenir, auprès d'eux, plus de facilité, il imagina de leur infpirer de préfenter auffi une Requête tendante à ce qu'il fût créé un troifiéme Office d'Echevin affecté à ce qu'ils appellent leur *Corps*.

Ce projet demandoit beaucoup de fecret. Il eft évident que, s'il eût tranfpiré, tous les Corps de la Ville fe feroient élevés pour en arrêter l'exécution.

Il en fit donc part à un très-petit nombre des principaux ; au fieur Muriel entre-autres.

Ces.

Ces particuliers reçurent avec reconnoiſſance l'ouverture qui leur étoit donnée par le Subdélégué ; d'autant plus qu'ils eſpéroient ſe former, par ce moyen, une barrière contre tout autre qui, dans la place qu'occupoit le ſieur Payen, voudroit marcher ſur ſes traces.

Le ſieur Muriel ſe chargea de l'exécution ; la Requête fut dreſſée ſuivant le plan tracé par M. Angot : & afin que le ſecret, ſi néceſſaire pour le ſuccès de cette manœuvre, fût gardé, Muriel alla de porte en porte la faire ſigner par ſes Confrères, diſant à chacun d'eux qu'il étoit eſſentiel qu'ils ignoraſſent ce qu'ils ſignoient ; mais qu'il réſulteroit de cette piece un très-grand avantage en leur faveur.

Sur ces différens objets, & ſur le Mémoire envoyé par le *Seigneur* de la Brétêche contre le ſieur Payen, M. l'Intendant rendit une premiere Ordonnance datée de Paris le 27 Mars 1759, dont il eſt eſſentiel de rapporter le contenu.

« Vû le rapport à nous fait *de l'incapacité* de François *Poyen*
» ſieur du Cheſnay, premier Echevin, (on affecte de changer
» le nom que ſes peres & lui ont toujours porté, en lui don-
» nant celui de *Poyen*, au lieu de Payen) *de ſes égaremens*,
» *emportemens*, & de ſa retraite dudit Hôtel de ville, le Mardi
» 10 de ce mois, à l'occaſion des remontrances qui lui furent
» faites *ſur ſa mauvaiſe adminiſtration* par le ſieur de la Brétê-
» che notre Subdélégué à Avranches ; que d'ailleurs, dans les
» circonſtances actuelles, ledit Hôtel-de-ville doit être compo-
» ſé de trois Echevins au lieu de deux ; vû ſur ce l'avis du ſieur
» de la Brétêche, & ce qui en réſulte : tout conſidéré ;

» Nous, Intendant, ordonnons que, dans la huitaine de la
» notification de la préſente, les habitans de la ville d'Avran-
» ches ſeront convoqués en la manière accoutumée pour les dé-
» libérations, à la diligence du ſieur Maincent, Procureur du
» Roi, Syndic de ladite Ville, pour s'aſſembler en la préſence
» du ſieur de la Brétêche, qui *recueillera* les voix, & élire en-
» tre eux, à la pluralité des ſuffrages, un nouveau Maire, trois
» nouveaux Echevins & un Greffier. Du nombre deſquels
» Echevins il en ſera élû un *du Corps* des Marchands ; tous
» leſquels Officiers municipaux ſeront tenus de gérer auſſi-tôt
» après leur élection, & pendant trois ans. Mandons audit ſieur

C

» de la Brétêche *de faire tranfcrire notre préfente Ordonnance*
» fur les regiſtres des délibérations de ladite Ville, & de tenir
» la main à ſon exécution; comme auſſi à ce que la délibéra-
» tion concernant ladite élection, & toutes autres à l'avenir
» nous ſoient envoyées, pour être par nous viſées, homolo-
» guées & approuvées, &c.

Un des premiers ſoins de M. le Subdélégué fut de faire exécuter la diſpoſition de cette Ordonnance qui portoit qu'elle
feroit tranfcrite fur le regiſtre des délibérations de l'Hôtel de
ville.

A l'infpection de cette Ordonnance, infcrite dans un monu-
ment deſtiné à paſſer à la poſtérité, il n'eſt perſonne qui ne
conçoive qu'elles durent être les juſtes allarmes du ſieur Payen.
Il n'avoit eu aucune connoiſſance des menées ſourdes du *Sei-*
gneur de la Brétêche. Dès quelles avoient pour objet de déshonorer un Citoyen, il étoit des regles les plus communes de la
juſtice de ne point le condamner ſans l'entendre. Les hommes
en général vivent fous la protection de la loi; elle ne permet
pas qu'on puiſſe donner la moindre atteinte à leur état, ſans
leur faire leur procès dans les formes qu'elle a ſi ſagement pref-
crites.

Dans une poſition auſſi étrange, le ſieur Payen ſe tranſporta
le 5 Avril ſuivant à l'Hôtel de ville; il y prit communication
de l'Ordonnance de M. l'Intendant, & fit ſes proteſtations
dans ces termes: Déclare «quil n'a point brigué la place de
» premier Echevin; qu'il l'occupe malgré lui, fur-tout depuis
» qu'il ſe voit traverſé dans tout ce qu'il propoſe pour l'intérêt
» public; que le rapport du ſieur de la Brétêche, dont il ſe
» plaint, ainſi que de l'Ordonnance, n'ayant été appellé ni en-
» tendu, étant un ouvrage de la ſurpriſe, il en eſt moins affec-
» té. Que néanmoins ce qu'il doit à tous les ordres, particulie-
» rement au ſien, à lui-même & à ſa poſtérité ſont des motifs
» preſſans, qui le portent à vouloir ſe juſtifier d'allégations auſſi
» controuvées qu'injurieuſes. Pourquoi il entend le pourvoir
» là & où il appartiendra; & proviſoirement, pour les raiſons
» prédites, il penſe devoir continuer ſes fonctions, ſon téms
» n'étant pas expiré; & a ſigné fur le regiſtre.

Ces proteſtations étoient d'autant mieux fondées que le *Sei-*

gneur de la Brétêche avoit été juge & partie, puisque c'étoit sur son rapport & sur son avis qu'étoit intervenue l'Ordonnance dont il s'agit.

On ne croira jamais que, si M. l'Intendant, dont l'intégrité & la pureté des intentions sont généralement connues, eût été instruit de la vérité, il se fût porté à dégrader un homme en place, un homme connu, un ancien Avocat, qui a joui dans tous les tems de la réputation la plus entière vis-à-vis de ses Concitoyens, dont l'estime lui sera toujours plus chère que la vie. Malheureusement les Magistrats les plus dignes & les plus recommandables sont exposés à la surprise. Chargés d'administrations étendues, dont ils ne peuvent discuter par eux-mêmes tous les détails, ils sont obligés de s'en rapporter à des subalternes, qui, trop souvent animés de vûes particulières, abusent de la confiance qu'on est forcé d'avoir en eux, pour faire des victimes de leurs passions.

Si M. le Subdélégué n'eût point pris la route ténébreuse de la délation, il eût été facile au sieur Payen de prouver que sa conduite étoit irréprochable. Le point capital de l'accusation rouloit sur ce qui s'étoit passé à l'occasion de Corbin. Le sieur Payen avoit soutenu, suivant le *Seigneur* de la Brétéche, 1°. Que ce particulier avoit 1200 liv. de rente, pendant qu'il avoit offert d'abandonner tout son revenu pour 600 liv.

De quel crime le sieur Payen s'étoit-il donc rendu coupable par ce propos? Il l'avoit tenu, & il étoit en état de faire voir qu'il n'avoit parlé que le langage de la vérité. C'est ce qui se démontre en peu de paroles.

Le titulaire actuel de l'Office de Procureur du sieur Corbin lui paye, pour ce seul objet, 425 liv. de rente; il en posséde 500 du chef de sa femme; il a acheté & fait rebâtir une maison, qui, dans son état actuel, vaut 200 liv. de rente; Il est en outre propriétaire dans la Paroisse de Foligny, Diocèse de Coutances, d'une Métairie affermée 150 liv. Toutes ces sommes réunies produisent un revenu de 1275 liv. Si l'on y joint ses recettes & ses Greffes, il en résultera que la fortune du sieur Corbin excéde de beaucoup les 1200 liv. de rente, à quoi le sieur Payen l'avoit bornée, & que les lumieres du *Seigneur* de la Brétêche furent en défaut, lorsqu'il crut sincère l'offre de

Corbin d'abandonner tout fon revenu pour 600 liv. par an. Ignore-t-il donc encore que la rufe ordinaire de ceux qui veulent fe fouftraire à une jufte taxe, eft de déguifer le bien dont ils jouiffent ? Il auroit dû penfer d'ailleurs que cinq perfonnes d'honneur, qui étoient en place, devoient mieux connoître les facultés de leurs Concitoyens que lui feul : mais il falloit protéger Corbin qui, en le fuppofant même borné à 600 liv. de rente, auroit encore dû, vû l'embarras où l'on étoit, fupporter la fourniture des deux lits qu'on lui avoit impofés, puifque Langelier Dubois Huiffier, les Piton la Commune, Samfon tourneur, & plufieurs autres, fupportèrent la même charge, quoiqu'ils n'ayent pas 600 liv. de rente chacun.

2°. M. le Subdélégué argumentoit, dans fon Mémoire furtif, du fcandale public qu'avoit entraîné l'affaire de Corbin.

Les fieurs Richer fecond Echevin, & Lecourt Greffier, étoient feuls en l'Hôtel de ville lors de cette difpute : ainfi le fcandale public articulé par le *Seigneur* de la Brétêche étoit un affaifonnement ridicule de fa façon pour aggraver l'accufation qu'il formoit, dans la vue de favorifer & de donner pied à l'opération violente qu'il avoit préméditée.

S'il y a eu quelque chofe de fcandaleux pour le public, ç'a été d'appercevoir, dans les Officiers municipaux, trop d'indulgence vis à-vis d'un Bourgeois infolent auquel ils étoient bien fondés de faire fubir fur le champ la peine que meritoit la gravité de l'injure faite à un Officier en fonctions.

3°. Le fieur Payen s'étoit retiré de l'Hôtel de Ville & avoit fait infulte au *Seigneur* Subdelegué.

Ce premier Echevin s'étoit retiré en effet; mais il reftoit plus d'Officiers municipaux qu'il n'en falloit pour terminer les opérations qui étoient à finir. Le fervice ne pouvant par conféquent fouffrir de fon abfence, il n'étoit plus poffible de la lui imputer comme une faute digne d'animadverfion; ç'en eût été une bien plus grande de refifter à la force & à l'autorité du *Seigneur* de la Bretêche, dont la volonté arbitraire étoit la loi qu'il falloit fuivre pour la diftribution des logemens, au mépris de l'équité & de la juftice.

Quant aux infultes que M. Angot reproche au fieur Payen de lui avoir faites, les fieurs Richer & Lecourt qui, encore une fois, ont été les feuls témoins de cette fcène, font en état d'attefter, s'il en eft befoin, que le fieur Payen n'a point infulté M. le Subdelegué ; & le témoignage du fieur Lecourt ne lui fera certainement pas fufpect, puifqu'il a l'honneur d'être allié à la *Maifon* Angot.

Au furplus, quand le fieur Payen auroit laiffé échapper quelque lueur d'impatience, quel crime pourroit-on lui en faire ? Il eft des foibleffes attachées à l'humanité que la vertu la plus confommée ne peut détruire. Combien de fois le fieur Guellet de la Breardière, qui occupoit la place de Maire avant le fieur Dauffais ; combien de fois le fieur Dauffais lui-même font-ils fortis des bornes de la patience dans des cas moins frappans que celui-ci ? Ce dernier n'a pas craint de l'attefter par un certificat qui fera copié dans la fuite. Enfin l'exemple effrayant des Ordonnances rendues contre le fieur Payen n'a pas été capable de garantir le fieur Lottin, Maire actuel, de ces foibleffes.

4°. A tous ces prétextes ramaffés, fe joint celui des remontrances fuppofées faites, dans l'Ordonnance de M. l'Intendant, par le *Seigneur* de la Bretêche, au fieur Payen fur fa mauvaife adminiftration.

Ces remontrances font pareillement du crû de l'Accufateur ; M. le Subdelegué feroit bien en peine de citer la moindre perfonne qui les lui ait entendu faire, & encore moins quelqu'un qui pût attefter avec lui que le fieur Payen ait été dans le cas qu'on les lui fît pour le fait particulier auquel il les applique. Toutes les actions de ce premier Echevin, en ce qui concerne les affaires municipales, font confignées dans les Regiftres de l'Hôtel de Ville d'Avranches ; ces Regiftres font des témoins parlans contre la calomnie ; il ne faut que les confulter pour y trouver des preuves journalières de l'affiduité du fieur Payen, de fon zèle & de fa vigilance à remplir les devoirs de fa place, & enfin de fa bonne adminiftration dans tout le tems de fon exercice.

L'homme qui fe pique d'une naiffance diftinguée devroit du moins fe piquer de délicateffe. Ce fentiment eft un des principaux appanages de la Nobleffe, & c'eft par-là qu'elle fe diftingue du vulgaire. Le *Seigneur* de la Bretêche connoiffoit bien peu le fieur Payen. Si ce premier Echevin lui déplaifoit dans fa place, il n'avoit qu'à le lui témoigner fans éclat ; fa démiffion auroit fuivi de près cette déclaration. Le fieur Payen n'avoit point brigué fa dignité, & rien ne l'y attachoit. Loin d'y gagner 3 livres par heure, il étoit obligé de fe livrer à un travail continuel & infructueux, auquel il avoit facrifié les fonctions utiles de fa profeffion d'Avocat : &, pour tout dédommagement, il ne rencontroit à chaque pas que des défagrémens de toute efpece.

Mais que M. le Subdelegué ait pû prendre fur lui d'enlever au fieur Payen l'honneur fi précieux à l'homme en general, qu'il ait appuyé la délation qu'il a envoyée à M. l'Intendant fur l'*incapacité*, fur les *égaremens*, & fur la *mauvaife adminiftration* de ce premier Echevin ; ce font de ces traits qu'on ne peut caracterifer, & contre lefquels l'innocence ne fçauroit s'empêcher de reclamer.

Le fieur Payen avoue volontiers qu'il n'a pas les talens fupérieurs du *Seigneur* de la Bretêche ; il en eft même perfuadé, & ne les lui envie pas ; mais M. le Subdelegué a-t'il pû fans remords l'accufer d'une mauvaife adminiftration ; outre que les actes publics de l'Hôtel de Ville dépofent du contraire, le fieur Payen a encore le bonheur de réunir les fuffrages les plus décififs, pour détruire l'impofture jufques dans fes fondemens : la preuve en eft acquife par des pieces autentiques, ainfi qu'on le verra ci-après, en fuivant ce qui s'eft paffé.

Aux termes de l'Ordonnance de M. l'Intendant du 27 Mars 1759, les differens Corps qui forment la Ville d'Avranches s'affemblèrent pour proceder à une nouvelle Election.

Le 9 du mois d'Avril le Chapitre s'affembla, & fur la communication qui lui avoit été faite de l'Ordonnance de M. l'Intendant, il arrêta que ,, vû que ladite Ordonnance ,, paroiffoit contraire aux droits & privilèges de la Ville, fes ,, deux Députés propoferoient qu'il fût fait audit Sieur Intendant des repréfentations fur fon Ordonnance, perfuadés ,, que ce n'a jamais été fon intention de préjudicier aux droits ,, de la Ville. A l'effet de quoi lefdits Députés font chargés de ,, fe trouver à l'Hôtel de Ville en conféquence du billet de ,, convocation mis fur le Bureau. ,,

Le 7 du même mois les Avocats s'affemblèrent collégialement. Sur le rapport qui leur fut fait de ce qui s'étoit paffé en l'Hôtel de Ville en l'Affemblée générale le Jeudy 5, ils formèrent leur Délibération de la manière qui fuit : « Ont été unanimement ,, d'avis qu'il eft utile pour la Ville que le nombre des Echevins ,, reglé à deux ne foit pas augmenté. La mutiplicité des Offi- ,, ciers municipaux multiplieroit le nombre des exempts dans ,, un tems où la Ville, furchargée de toutes parts, ne peut fuffire ,, à acquitter fes charges. Ils eftiment donc qu'il ne doit y avoir ,, que deux Echevins choifis parmi les Bourgeois notables, ,, de quelque état qu'ils foient, Avocats, Medecins, Bourgeois ,, vivant de leur bien, & Marchands, lorfque, dans le nombre ,, de ceux de cette dernière Profeffion que l'on pourra regarder ,, comme notables Bourgeois, il s'en trouvera que la Ville ,, reconnoiffe capables de remplir la place d'Echevin : mais ,, que les Marchands ne faifant point Corps à Avranches, il ,, feroit préjudiciable à la Ville de choifir toujours un Echevin ,, parmi eux. Il n'eft pas douteux, que lorfqu'on aura un Maire ,, jouiffant d'une bonne fanté & propre au travail, deux Eche- ,, vins avec lui fuffiront aux fonctions de leur miniftère.

,, 2°. Vû les indifpofitions connues de M. Dauffais, lefdits ,, Avocats font d'avis que fa démiffion volontaire foit reçûe, ,, & qu'en conféquence on lui nomme pour fucceffeur Me Fran- ,, çois le Pigeon, Confeiller du Roy en l'Election.

,, 3°. Loin de fe porter à nommer un fucceffeur au fieur ,, Payen Avocat premier Echevin, ils eftiment que la Ville ,, n'eft pas en droit de le faire. Le fieur Payen eft un Officier ,, municipal, élu par tous les Corps pour faire les fonctions ,, d'Echevin pendant trois ans. La Ville a le droit exclufif ,, d'élire fes Officiers municipaux, puifqu'elle eft propriétaire ,, des Offices : mais lorfqu'ils font élus, elle ne doit pas leur en ,, fubftituer d'autres, fans leur confentement, avant la fin de ,, leur adminiftration, à moins qu'ils n'ayent prévariqué. *Mais* ,, *la droiture des intentions de Me Payen, fon zèle pour le bien* ,, *public, fon application à pourfuivre la reddition des comptes,* ,, *fon attention à s'oppofer à tout ce qui pourroit porter préjudice* ,, *à la Ville, fes lumières & fa bonne adminiftration engagent* ,, *l'Ordre à le prier de continuer fes foins pour le fervice du Roy* ,, *& le bien de la Ville, & à déclarer qu'il doit continuer de* ,, *remplir l'Office de premier Echevin.*

,, 4°. Pour les mêmes raifons, le fieur Richer fecond Eche-
,, vin, n'ayant point de motifs légitimes de propofer fa dé-
,, miffion, & d'ailleurs ne fe démettant pas, doit finir le tems
,, pour lequel il eft nommé.

,, 5°. Il feroit à fouhaiter que le fieur Lecourt voulût bien
,, continuer les fonctions de Greffier-Secretaire de l'Hôtel
,, de Ville : perfonne n'eft plus capable que lui d'en remplir la
,, place. Mais, puifqu'il veut abfolument ceffer ce travail, on
,, ne peut raifonnablement lui refufer fa retraite. C'eft pour-
,, quoi, en lui témoignant toute la fatisfaction & la reconnoif-
,, fance poffible des fervices qu'il rend à la Ville depuis plus de
,, treize ans, l'avis de l'Ordre eft que fa démiffion foit acceptée,
,, & qu'on nomme en fa place le fieur Etienne Houffin ancien
,, Notaire. Et ont lefdits Avocats député deux de leurs Con-
,, frères pour fe trouver Lundy 9 de ce mois audit Hôtel de
,, Ville, pour y déclarer que tel eft le vœu du College fur
,, tous les objets ci-deffus ; & ils les chargent de protefter, au
,, nom de l'Ordre, contre tout ce qui pourroit être fait dans
,, l'Affemblée des Corps au préjudice du droit de nommer aux
,, Offices municipaux que Sa Majefté a accordé à la Ville, &
,, de faire tous foutiens à l'appui de leur avis.

Les Avocats au nombre de 21 fignèrent cette Déliberation
qu'avoient dictée la fageffe, l'interêt public, l'efprit d'équité,
la connoiffance des Loix, des Reglemens, des Ufages & des
Droits de la Ville.

Le Dimanche 8 Avril, les Paroiffiens de S. Gervais s'affemblèrent, & après avoir entendu le rapport qui leur fut fait de
l'état de leur députation du Jeudy 5, & du réfultat de l'Affemblée dudit jour, ils choifirent deux nouveaux Députés, pour,
en cette qualité, fe trouver le lendemain en l'Hôtel de Ville
avec les Députés des autres Corps, & y porter le vœu defdits
fieurs Paroiffiens, dont voici les termes.

,, Vû la démiffion du fieur Dauffais Maire de ladite Ville,
,, appuyée de fon infirmité, ils nomment en fon lieu & place la
,, perfonne d'Aubin Hervé Lottin, Avocat de Sa Majefté au
,, Bailliage d'Avranches, pour, pendant le tems de trois années
,, confécutives, faire les fonctions de Maire. Et, comme il
,, ne paroît pas que le fieur Payen ait demandé fa démiffion,
,, fur

,, fur quoi il auroit pu s'adreffer à ladite Ville en cas qu'il y eût
,, eu lieu : *Connoiffant d'ailleurs que le fieur Payen a rempli,*
,, *jufqu'à préfent, fa place avec zèle & attachement pour le bien*
,, *public , & n'a point mérité d'être deftitué ; lefdits fieurs*
,, *Paroiffiens entendent qu'il finira le tems de fa fonction ;*
,, & vû la démiffion volontaire des fieurs Richer & Lecourt
,, fecond Echevin & Greffier, lefdits Paroiffiens nomment, en
,, leur lieu & place, la perfonne de M. Coëfpel pour fecond
,, Echevin ; & la perfonne de Julien Fleury, Marchand Apo-
,, thicaire, Bourgeois de ce lieu, pour troifiéme Echevin ;
,, & pour Greffier ils ont nommé Louis-Etienne Houffin,
,, ci-devant Notaire.

Les Paroiffiens de S. Saturnin formèrent la même Délibération contre l'avis du fieur Leplu Dupré, l'un des riches Marchands de la Ville. Il fit tant de bruit pour gêner la liberté des
voix & troubler l'Affemblée, que l'on fut forcé de le chaffer
honteufement.

On ne voit rien d'obfcur fur le compte du fieur Payen dans
le fuffrage de ces quatre Corps nombreux. Tous concourent à
louer fon zèle pour le bien public, fon attachement aux intérêts
de la Ville, fon application à les foutenir ; en un mot, on
reconnoît fes lumières, on parle avec éloge de fa bonne adminiftration, on le prie de continuer fes foins pour le fervice du
Roy & le bien de la Ville. Tel eft cependant le Citoyen taxé par
le *Seigneur* de la Bretêche *d'incapacité & de mauvaife adminiftration.* Différens certificats doivent encore trouver ici leur place
comme autant de pieces confacrées à l'honneur outragé du fieur
Payen.

M. d'Auffais, Avocat du Roi, ci-devant Maire de la Ville
d'Avranches, & avec lequel le fieur Payen a opéré pendant la
dernière année de fon exercice, lui en a donné un le 22 Mai
1759. *L'avis* de ce Magiftrat peut bien, fans faire tort au *Seigneur* de la Bretêche, être mis en paralléle avec le fien. Cet
ancien Maire attefte ,, que le fieur Payen étoit très-capable de
,, fes fonctions d'Echevin, qu'il étoit rempli de droiture & d'é-
,, quité, qu'il n'avoit rien plus à cœur que le foulagement des
,, Pauvres dans les impofitions & logemens de Troupes ; que
,, fon adminiftration a été très-utile & avantageufe pour le bien

D

» de la Ville ; qu'il travailloit à faire rendre des comptes à plu-
» sieurs redevables qui devoient depuis long-tems, ce qui au-
» roit produit des sommes considérables, & ce qui auroit sou-
» lagé les misérables dans des tems si fâcheux ; que pendant
» cette gestion, les embarras où s'est trouvé l'Hôtel de Ville
» étoient immenses, par rapport à l'arrangement des Troupes,
» tant pour le logement des Officiers, que pour le casernement
» des Soldats, & le passage fréquent des Troupes ; qu'il s'est
» trouvé plusieurs Bourgeois mutins & rebelles aux ordres de
» la Maison de Ville, qui, pour ne pas vouloir fournir leur
» juste imposition, sont venus dans l'Hôtel de Ville insulter les
» Officiers municipaux, avec des emportemens suivis de blas-
« phêmes & d'imprécations, & notamment peu avant leur dé-
» mission, le nommé Jouanne, ci-devant priseur vendeur ; qu'il
» en avoit été de même de la part des Officiers des Troupes,
» qui nous auroient, *aussi bien que nos prédécesseurs, excités à*
» *quelques vivacités dont on n'est pas le maître en pareilles occa-*
» *sions.*

Ce certificat est d'une personne désintéressée à la chose ; & d'une probité reconnue de tout le monde ; ensorte qu'il doit mériter une foi pleine & entière.

Le 29 Mars 1759, M. le Venard, Directeur des droits du Tarif, que la Ville d'Avranches fait valoir faute d'adjudicataires, Directeur pareillement des droits destinés au payement du don gratuit demandé par le Roi, atteste également « que le » sieur Payen rédigeoit & dictoit seul sur les registres de la » Ville les actes convenables pour la régie desdits droits ; qu'il » l'a reconnu très-propre à soutenir les intérêts de la Ville ; que » son administration doit avoir été avantageuse à la Ville, pour » avoir travaillé à faire finir des affaires qu'on dit avoir été né- » gligées par ses prédécesseurs. Il atteste même qu'il a été témoin » plusieurs fois des embarras infinis que le sieur Payen avoit en » l'Hôtel de Ville, tant pour le logement des Troupes, que » pour répondre aux Bourgeois.

M. de Ducy, dont le nom seul fait l'éloge, homme si respecté, que toute la Noblesse de son canton & des environs le choisit pour arbitre dans ses différends, déplore bien énergiquement la situation accablante du sieur Payen. « Il faut, Mon-

» fieur, lui dit-il dans une lettre qu'il lui écrit, que vous agif-
» fiez autrement à la Ville qu'à la campagne, pour que l'on
» vous impute tout ce qu'on dit aujourd'hui, ce que je ne crois
» pas affurément, n'ayant jamais rien remarqué en vous que de
» très-conforme à l'honnête-homme, & rempli de charité
» envers les pauvres : aufli tout ce qu'on peut vous imputer de
» mauvais tombera de lui-même ; ce font des croix que le Sei-
» gneur envoye pour porter, dont il faut faire un bon ufage.
» J'ai l'honneur d'être, &c.

Meffieurs Denys, Grand Chantre, & Sérel, Chanoine de
l'Eglife Cathédrale d'Avranches, Députés ordinaires du Chapitre aux Affemblées de l'Hôtel de Ville, fous les yeux defquels
le fieur Payen a opéré, lui ont pareillement témoigné par lettres
toute leur fenfibilité, & la juftice qu'ils croyoient devoir lui
rendre.

Plus il eft confolant pour le fieur Payen de voir fon apologie
écrite dans tous les cœurs, moins il doit négliger de faire tous
fes efforts pour fe laver de ces qualifications flétriffantes dont
il a plu au *Seigneur* de la Brétêche de charger fon avis & fon
rapport fecret. On ne fçauroit trop le repeter : les Loix font
le rempart de l'honneur du Citoyen : eft-il accufé de prévari-
cation, il faut l'entendre dans fa défenfe, le convaincre juridiquement, & ce n'eft qu'après une inftruction complette & re-
gulière qu'on peut parvenir, dans le cas où il feroit coupable,
fur-tout lorfqu'il eft en place, à lui imprimer la tache & l'igno-
minie qui accompagnent toujours la peine du crime : fans cela
l'innocence feroit fans ceffe en but à l'oppreffion.

Mais, pour revenir à l'Ordonnance de M. l'Intendant du
27 Mars 1759, les autres Corps votèrent à leur tour ; ces Corps
étoient le Bailliage, l'Election, & les deux Paroiffes de Notre-
Dame des Champs & de Ponts.

L'Affemblée du Bailliage fut compofée de trois perfonnes ;
celle de l'Election ne fut également compofée que de trois Officiers.

Ceux qui formoient l'Affemblée du Bailliage étoient le fieur
Vivien, le fieur Lottin, & le fieur Guellet de la Bréardiere.

Les deux premiers furent d'avis de la nouvelle élection : & l'on
comprend facilement que la chofe ne pouvoit être autrement,

quand on fe rappelle les démarches du fieur Payen pour les déterminer à rendre à la Ville la juftice qu'ils lui doivent. D'ailleurs le fieur Lottin étoit inftruit que la Dignité de Maire lui étoit deftinée : ainfi le fuffrage de ce Tribunal, eu égard aux reproches que le fieur Payen étoit en droit de former contre deux de fes membres, ne pouvoit être d'aucun poids.

Les Officiers de l'Election furent du même avis ; mais doit-on s'en étonner, fi l'on réfléchit que des trois perfonnes qui compofoient leur Affemblée, le fieur la Hupe, Préfident, & le fieur Tefniere de Brémefnil étoient du nombre. Le principe de leur animofité contre le fieur Payen a été ci-devant développé. Il devoit par conféquent s'attendre à en reffentir l'effet dans l'occafion. On doit néanmoins cette juftice au fieur Pigeon, le troifième votant d'entr'eux, que, dans l'affemblée où il fut queftion de donner des pouvoirs aux Députés, il opina pour la continuation du fieur Payen. Il eft donc également évident que le Corps des Elus étoit dans le cas d'une recufation bien fondée : au moyen de quoi leurs fuffrages ne devoient raifonnablement faire aucune impreffion.

La Paroiffe de Ponts & celle de Notre-Dame des Champs opinèrent auffi felon les vûes du *Seigneur* de la Bretêche ; mais il faut remarquer que les Officiers de l'Election ont entraîné, malgré elle, la premiere de ces Paroiffes dans leur parti : fon fentiment avoit été d'abord que le fieur Payen ne pouvoit être deftitué ; mais le fieur Tefniere de Brémefnil, l'un des Paroiffiens, animé par le fieur la Hupe, parvint par fes intrigues à faire faire une feconde affemblée, dans laquelle on annulla la premiere délibération, pour y en fubftituer une conforme à fes défirs.

A l'égard de la Paroiffe de Notre-Dame des Champs, elle eft prefque entierement compofée des plus riches Marchands de la Ville. Ils fe reffouvinrent que, fous l'adminiftration du fieur Payen, leur fortune n'avoit point été, comme auparavant, un titre d'exemption pour eux ; ils ne pouvoient pardonner à cet Officier municipal de n'avoir pas voulu leur être favorable aux dépens de la juftice, & de ce qu'elle exigeoit de lui pour le foulagement des pauvres.

D'ailleurs ils avoient un intérêt à la chofe. On n'a point oublié la Requête qu'ils avoient préfentée pour la création d'une troifième place d'Echevin en leur faveur ; ils avoient obtenu ce qu'ils avoient demandé par une difpofition précife de l'Ordonnance de M. l'Intendant du 27 Mars 1759. Il leur importoit donc d'en fuivre l'exécution ; par conféquent leurs fuffrages ne pouvoient, dans la droite raifon, faire nombre pour la deftitution du fieur Payen.

La pluralité des voix eft d'un ufage conftant dans toutes les Elections ; l'Ordonnance de M. l'Intendant en impofoit même la néceffité : il fal oit donc que cinq des huit Corps, au moins, concouruffent ; fans quoi il n'y avoit point *pluralité de fuffrages*, & par conféquent point d'élection.

Or peut-on dire que cinq des huit Corps ayent concouru , puifque le Chapitre de la Cathédrale a repondu que l'Ordonnance de M. l'Intendant étoit contraire aux privileges de la Ville, ce qui confirmoit conftamment bien le premier Echevin dans fa place ; & que l'Ordre des Avocats, d'accord avec deux Paroiffes confidérables & nombreufes, a été d'avis unanime que le fieur Payen continuât fes fonctions ?

Les quatre autres Corps ne pouvoient certainement entrer en comparaifon avec ceux dont on vient de parler, puifque deux de ces quatre Corps, fçavoir le Bailliage & l'Election, compofés chacun de trois opinans feulement, formoient deux voix fur environ quatre mille Habitans; que contre quatre de ces opinans il y avoit des moyens généraux & particuliers de recufation, & qu'un des deux autres avoit voté pour la continuation du fieur Payen. On ignore quel fut l'avis du fixième.

Les Paroiffes de Ponts & de Notre-Dame des Champs ne pouvoient accréditer ces fuffrages décharnés; la brigue notoire du fieur la Hupe & du fieur Tefniere de Brémefnil avoit gêné le vœu de la premiere de ces Paroiffes ; un bon nombre de fes Habitans, avec la prefque totalité de ceux de la Paroiffe de Notre-Dame des Champs, tous Marchands animés contre le fieur Payen, étoient d'ailleurs, comme on l'a vû, parties intéreffées dans l'affaire.

Mais, en fuppofant même qu'il y eût eu égalité de confidération, n'y avoit-il pas toujours un partage de quatre contre quatre ; ainſi il n'étoit pas poſſible à tous égards que l'Ordonnance de M. l'Intendant du 27 Mars eût ſon exécution.

Cependant le *Seigneur* de la Bretêche parut à l'Hôtel de Ville le 2 Mai 1759, & y préſenta une ſeconde Ordonnance de M. l'Intendant auſſi datée de Paris le 17 Avril précédent, qui porte :

» Vû l'acte de délibération commencée en l'Hôtel de Ville
» d'Avranches le 31 Mars dernier, & prolongée par le *verbal*
» *inutile* des Députés du Corps des Avocats, & les *ſoutiens*
» *frivoles* de quelques autres Députés, juſqu'au 9 de ce mois ;
» vû auſſi notre Ordonnance du 27 Mars dernier, enſemble
» *l'avis du ſieur de la Bretéche*, Subdélégué à Avranches, & ce
» qui en réſulte ; Tout conſidéré : Nous Intendant ordonnons
» que notredite Ordonnance du 27 Mars dernier ſera exécu-
» tée ſelon ſa forme & teneur ; en conſéquence déclarons nuls
» tous les verbaux & ſoutiens qui y ſont contraires : & *en réſu-*
» *mant la pluralité des ſuffrages*, vû le refus des Députés du
» Chapitre de délibérer, & faiſant droit ſur les élections faites
» par le Corps du Bailliage & celui de l'Election, & les Pa-
» roiſſes de Notre-Dame des Champs, Ponts & Saint Gervais »
(la Paroiſſe de Saint Gervais a cependant voté au contraire,
du moins par rapport au ſieur Payen) « contre les Députés de
, l'Ordre des Avocats & la Paroiſſe de Saint Saturnin, décla-
,, rons bien nommés & élus pour Maire le ſieur Aubin-Hervé
,, Lottin, premier Avocat du Roi au Bailliage d'Avranches ;
,, pour premier Echevin Me François Mathieu, Avocat (qui
,, n'avoit que deux voix) pour ſecond Echevin, le ſieur Mi-
,, chel Coëſpel, Bourgeois dudit lieu ; pour troiſième Echevin
,, le ſieur Pierre-René Muriel, Marchand de ladite Ville ; &
,, pour Greffier le ſieur Etienne Houſſin. Ordonnons qu'ils ſe-
,, ront tenus de gérer pendant trois ans en leurdite qualité, en
,, ſe conformant aux Reglemens.

,, Et attendu les circonſtances actuelles, mandons au ſieur
,, de la Bretêche, Subdélégué à Avranches, de faire tranſcrire
,, notre préſente Ordonnance ſur le Regiſtre des délibérations
,, de ladite Ville, pour valoir de notification, & de tenir la
,, main à ſon exécution ; ce qui ſera exécuté nonobſtant oppo-
,, ſition, appellation, ou autre empêchement quelconque, &

,, fans y préjudicier. » Cette feconde Ordonnance a été pareillement enregiftrée fur le Regiftre des délibérations de l'Hôtel
de Ville, à la requifition du *Seigneur* de la Bretêche, Subdélégué.

D'après ce qu'on a dit jufqu'àpréfent, & qui fe trouve prouvé,
il eft vifible que la feconde Ordonnance dont il s'agit, & celle
qui l'a précédée, font des titres infamans contre le fieur Payen.
On ne s'eft même pas embarraffé quelles étoient les perfonnes
que l'on mettoit en place, pourvû qu'il fubfiftât des monumens
capables de le déshonorer, puifque quatre des Officiers municipaux de cette nouvelle nomination font comptables envers
la Ville, & fes débiteurs de fommes affez confidérables, qui,
dans un tems auffi fâcheux, foulageroient infiniment les pauvres;
enforte qu'il femble que ce foit un jeu & un fait exprès.

Tout a été tellement marqué au coin de l'intérêt, de l'inimitié & de la vengeance contre le fieur Payen, que le *Seigneur*
de la Bretêche a voulu lui enlever jufqu'à fon nom; il a forcé le
Greffier, dans l'enregiftrement des deux Ordonnances de M.
l'Intendant, d'écrire fur le Regiftre de la Ville *Poyen* au lieu
de Payen. Ce dernier nom eft cependant celui que fes peres lui
ont tranfmis, & fous lequel feul eux & lui ont toujours été connus. Le *Seigneur* de la Bretêche ne le méconnut pas, lorfque
pourfuivi en l'année 1744 pour une fomme de 2500 livres qu'il
devoit depuis plus de trente ans à la Ville, il imploroit de porte
en porte les fuffrages des Bourgeois pour obtenir une diminution
de 500 livres: il fçut bien dire alors au fieur Payen, en lui fer-
rant la main; « je vous prie, Monfieur *Payen*, de vous trouver
» à l'Affemblée, & de vouloir m'être favorable ». Pour parvenir au payement de cette fomme, il offrit à Madame de Precey fon petit fief du Homme pour 1500 livres, mais elle ne
l'eftimoit que 1200 liv.

Le *Seigneur* de la Bretêche a fans doute penfé que la confor-
mité du nom du fieur Payen avec celui de plufieurs familles de
diftinction qui font aux environs de la Ville d'Avranches, étoit
un avantage qu'il pouvoit encore lui ravir; mais c'eft porter la
haine bien loin. Si le fieur Payen n'a pas la nobleffe que donne
la naiffance, il a celle qu'infpirent les fentimens.

Que Monfieur le Subdélégué, pour groffir la lifte faftueufe

de ses qualités, érige à sa fantaisie des rotures en fiefs, le sieur Payen n'y trouvera jamais à redire ; mais ce *Seigneur* devroit encore laisser passer quelques siecles avant que de vouloir critiquer & mépriser les familles roturières : ce tems pourra faire disparoître les Regiftres ou recherches de Chamillard, qui nous apprennent que le berceau de la *Maison* Angot fut élevé dans la roture jusqu'au bisayeul de M. le Subdélégué ; il parvint à la noblesse par l'acquisition d'une Charge de Sécrétaire du Roi d'un petit College, moyennant 10000 livres. Les gages attribués à cet Office lui rapportèrent, pendant sa vie, l'intérêt de son argent ; à son décès il fut vendu le prix qu'il l'avoit acheté, & par-là il transmit à ses descendans une noblesse qui ne lui avoit rien coûté.

Les ayeux du *Seigneur* de la Bretêche ne se comptent point du chef de *Mademoiselle* le Roux sa mere ; on sçait seulement qu'elle étoit fille d'un sieur le Roux, *Commis au Greffe* du Bailliage d'Avranches.

Si le sieur Payen joint à son nom celui de Duchesnay : il le tire d'une métairie que ses auteurs acquirent pour le même prix de 10000 livres, y compris les frais de contrat & les droits seigneuriaux, dans le tems que le bisayeul de M. le Subdélégué mettoit la noblesse dans sa *Maison*. Cette métairie n'a point été vendue, le sieur Payen la posséde encore.

Il est en état de prouver par titres qu'il y a plus de 300 ans que ses peres & lui possédent, toujours sous le nom de *Payen*, deux autres métairies, l'une nommée le Champ-Hue, & l'autre le Rocher, situées en la Paroisse de Saint Martin des Champs, dont l'Eglise est contigue aux Fauxbourgs de la Ville d'Avranches.

Ses auteurs y ont fait, il y a très-long-tems, des fondations considérables; & quand on les recommande au Prône pour raison de ces fondations, on les appelle toujours *Payen*.

Enfin, lorsque les Paysans de cette Paroisse veulent faire entendre qu'une chose est fort ancienne, ils disent : *cela est vieux comme la fondation de M.* Payen, & non pas *Poyen*.

Ce premier Echevin est d'autant plus sensible aux injures qu'il a reçues du *Seigneur* de la Bretêche, qu'il peut dire, avec vérité, que presque tout le poids de l'administration municipale

étoit

étoit à sa charge. Le Maire étoit souvent malade ; le second Echevin n'avoit pas cru devoir sacrifier, comme le sieur Payen l'avoit fait, sa profession aux fonctions assidues qu'exigeoit alors l'Echevinage ; le Procureur-Syndic étoit plûtôt embarrassant qu'utile ; le Greffier étoit très-capable, à la vérité, mais il sçavoit se soustraire aux embarras, en renvoyant toutes les difficultés à la décision des Maire & Echevins.

Le sieur Payen s'étoit proposé pour principal objet, dans son administration, de distribuer les charges en proportion avec la fortune des Contribuables. Ce systême d'équité touchoit à sa perfection ; les Comptables & les Débiteurs alloient se voir forcés de restituer à la Ville des sommes considérables destinées au soulagement du pauvre peuple, dans le moment que le *Seigneur* de la Bretêche a choisi, pour surprendre à la religion de M. l'Intendant les deux Ordonnances qui ont déposé le sieur Payen.

La richesse des Marchands & des autres Bourgeois opulens n'étoit plus un titre pour eux pour faire refluer les taxes & les logemens qu'ils devoient supporter sur les pauvres. Peu accoutumés à cette distribution équitable, ils ne la purent souffrir sans chagrin, & le sieur Payen fut presque le seul en but à leurs insolences & à leurs insultes. Doit-on donc lui faire un crime des altercations & des disputes auxquelles son esprit d'équité seul avoit donné occasion ?

Si, pour le perdre, on n'eût pas pris la voye ténébreuse des Mémoires secrets, si on l'eût attaqué de front, & qu'il eût pu se mettre en défense, il eût fait voir que sa conduite étoit guidée par l'équité naturelle ; que si, dans certaines occasions il a montré de la fermeté, elle étoit nécessaire pour prévenir les suites des insolences des riches Bourgeois, dont les plaintes injustes étoient toujours favorablement accueillies à la Subdélégation. En un mot, si son ennemi n'eût point employé la ruse, les deux Ordonnances de M. l'Intendant ne seroient point intervenues.

Il prie donc Messieurs les Avocats de lui indiquer la route qu'il doit suivre pour parvenir à se laver d'une injure d'autant plus mortifiante, qu'elle est consignée dans les Registres de la Ville, où le *Seigneur* de la Bretêche n'a pas voulu souffrir que l'on inférât les délibérations des Corps qui étoient favorables au sieur Payen.

Il devoit sa place à l'élection presque unanime de tous ses Concitoyens. A-t-on pu la lui ôter avant que les trois années qu'il devoit l'occuper fussent expirées? A-t-on pu, en la lui enlevant, motiver sa destitution d'imputations injurieuses & infamantes, sans que son procès lui ait été fait? L'honneur & la réputation marchent de pair avec la vie, & il n'a rien de plus précieux que de se les conserver.

Il a la consolation, il est vrai, de voir que toute la Ville, si l'on en excepte les Officiers de l'Election & les riches Marchands, concourt à rendre justice à sa probité & à l'équité de ses vûes. Toutes ces voix qui s'élevent ensemble paroissent n'en former qu'une seule, c'est un de ces cris de la vérité irritée contre la calomnie ; mais les imputations dont il a été noirci sont consignées dans des monumens destinés à passer à la postérité.

D'ailleurs il se croit trop intéressé à se rétablir dans l'estime du Magistrat à qui la confiance dont il honore son Subdélégué a fait recevoir de fâcheuses impressions sur le compte de ce premier Echevin. Il a donc besoin de la justification la plus éclatante. *Signé* PAYEN DU CHESNAY.

CONSULTATION.

L E CONSEIL SOUSSIGNÉ qui a lu le Mémoire ci-dessus, & copie des pieces y jointes,

ESTIME que les Ordonnances du Commissaire départi dans la Généralité de Caën, des 27 Mars & 17 Avril 1759, ne se peuvent soutenir à tous égards. Elles manquent également & par le droit & par la forme. Les principes généraux & les circonstances particulières se réunissent pour démontrer la vérité de cette Proposition.

On examinera donc d'abord ces principes généraux. On entrera ensuite dans les circonstances particulières qui regardent les Echevins de la Ville d'Avranches. Enfin on discutera fur ces principes & fur ces faits, les Ordonnances dont il s'agit.

Dans le droit commun, on diſtingue les Offices, les Charges & les Commiſſions. Pour les Offices, il faut des Lettres du Prince, qui en aſſurent le titre aux Officiers, pendant leur vie, à moins qu'ils ne s'en rendent indignes, ou qu'ils ne s'en dépouillent volontairement. Les Charges s'exercent ſans Lettres du Prince ; elles ne ſont que pour un tems ; & celui qui eſt élu pour les remplir, n'a beſoin d'autre titre que de ſon élection. Telles ſont les Charges d'Echevins, les autres Charges municipales, & celles des Juges & Conſuls des Marchands.

Tout ce qui tend à exercer une fonction publique eſt une Charge : mais les Commiſſions, qui ſont auſſi des Charges, n'ont qu'une durée indéfinie : elles ceſſent quand il plaît au Roi de les révoquer. Elles n'ont point, comme les Charges municipales, de tems réglé : telles ſont les Places d'Ambaſſadeur, les Chambres de Juſtice, les Commiſſions pour les affaires particulières, les Commiſſaires départis dans les Provinces. Toutes ces Commiſſions peuvent être révoquées ſans aucune cauſe.

Il n'en eſt pas de même des Charges d'Echevins, & des Juges & Conſuls. Ces Officiers, ainſi que ceux qui ont des Lettres du Prince, ne peuvent être révoqués ni deſtitués pendant le tems que doit durer leur exercice, s'ils n'ont délinqué.

Tous les Offices de ce Royaume ſont devenus perpétuels : mais les Echevins ont conſervé l'ancien uſage de l'Empire Romain. Ils ſont mis, pendant le tems de leur adminiſtration, au rang des Magiſtrats : on les appelle, *Magiſtratus municipales.*

Nous n'admettons en France ni la révocation, ni la deſtitution des dignités perſonnelles. Ceux qui en ſont revêtus ne peuvent en être dépouillés ſans cauſe ; & la connoiſſance de cette cauſe ne peut jamais être de la compétence du Commiſſaire départi. La Loi veut que toutes choſes ne puiſſent être défaites que comme elles ont été faites. *Nihil tàm naturale quàm eo genere quodque diſſolvere, quo colligatum eſt. L.* 35. *ff. de div. reg. jur.* Or c'eſt la Ville qui élit ſes Echevins, & qui les conftitue en dignité. Elle a donc feule le droit de les deftituer, quand le cas y échet.

Mais on ne peut deftituer un Officier fans le déshonorer ; parce qu'on croira toujours que celui à qui l'on a ôté fon Office a fait quelque faute qui l'en a rendu indigne. La Loi dit qu'un fimple Soldat, dont l'état eft moins ftable que celui d'un Officier, *fine caufæ mentione miffus, nihilominùs ignominiâ miffus intelligitur. L. 13, §. 3. ff. de re militari.*

La deftitution du fieur Payen, quand elle feroit pure & fimple, eft donc contraire à tous les principes : & l'on peut lui appliquer le paffage de Socrate, qui dans fon Hiftoire Eccléfiaftique, livre prem. chapitre 24, dit : *Ibi crimen fine accufatione, juftitia fine confilio, damnatio fine defenfione :* elle répugne même à la raifon, à l'équité, à la loi naturelle & aux loix civiles, ayant été faite fans que l'Officier deftitué ait été entendu.

Loyfeau, des Offices, liv. 5. chap. 5. n. 32, remarque que c'eft plutôt fur les gens de bien que tombe la deftitution irrégulière, parce que les méchans fe fçavent accommoder au tems & à l'humeur de ceux qui ont le pouvoir en main ; au lieu que les honnêtes gens ne veulent point condefcendre à l'injuftice, ni céder aux mauvaifes intentions ; ce qui fait former contr'eux le complot de l'Ecriture : *Ejiciamus juftum, quia contrarius eft operibus noftris.*

Mais cette deftitution ne fe peut fupporter, fi elle eft accompagnée d'expreffions de caufes qui touchent tant foit peu l'honneur de l'Officier deftitué. C'eft toujours Loyfeau qui s'exprime ainfi, chap. 5 du même liv. n. 52 ; & il ajoute que » nul Officier ne peut être deftitué pour caufe injurieufe, » fans que cette caufe foit duement prouvée en Juftice, l'Officier pleinement entendu. *Grave fi quidem eft, cum re, nominis » jacturam facere, nifi caufâ priùs judicio cognitâ.* » C'eft ce que dit Dumoulin, fur l'article 83 de la Coutume de Bourbonnois : *Officia gratis donata revocari poffunt ex caufâ honeftâ, non autem ex caufâ infamante, nifi caufâ cognitâ.*

Qu'eût dit Loyfeau, ce fçavant & judicieux Jurifconfulte, fi, comme dans l'efpèce, il eût eu à traiter d'une deftitution ordonnée par un Commiffaire départi, fans aucune procédure,

& fur la délation fecrete d'un Particulier ? Il auroit décidé que ce genre d'hommes funeftes appellés *Délateurs*, connus à Rome fous les Règnes affreux des Claudes & des Nerons, ont été profcrits par les Loix de Conftantin ; qu'ils n'ont jamais ofé paroître dans une Monarchie comme la nôtre, où toutes les Loix ont pour objet principal la fureté de la vie, de l'honneur & des biens de tous les Citoyens : que c'eft pour cette raifon que le Prince, protecteur de fes Sujets, prépofe un Officier dans chaque Tribunal, pour pourfuivre tous les délits en fon nom ; que c'eft à cet Officier feul que les dénonciations doivent être adreffées ; & lorfque ce vengeur public eft foupçonné d'abufer de fon miniftère, il eft obligé de nommer fon dénonciateur, afin que l'accufé puiffe convaincre juridiquement l'un ou l'autre de calomnie.

Comment le Commiffaire départi a-t-il donc reçu la délation du fieur de la Brétêche, qui n'a aucun caractère qui l'autorife à la pourfuite des crimes ? Ce caractère eft indivifiblement attaché à la place de M. le Procureur Général & de fes Subftituts. Une commiffion fubalterne, telle que celle d'un Subdélégué, ne peut jamais participer à une fonction fi précieufe.

Mais le Commiffaire départi étoit-il en état d'admettre cette délation ? Son Tribunal, fi l'on peut nommer ainfi l'autorité qu'il exerce, eft-il contentieux ? Y a-t-il un Procureur du Roi qui y foit attaché ? Le Confeil lui-même, dont il n'eft que le Commiffaire, ne connoît point des matières criminelles, parce qu'il n'a point de miniftère public à fa fuite.

D'ailleurs le Roi a créé les Offices municipaux de la Ville d'Avranches : cette Ville les a achetés, & en eft propriétaire. Ces Offices ne dépendent donc nullement du Commiffaire départi : il n'a, à cet égard, aucune jurifdiction fans un ordre du Roi précis à cet effet, & revêtu des formes qui annoncent la volonté du Légiflateur.

Ce n'eft point au Commiffaire départi à fe mêler des nominations & élections des Echevins ; elles regardent les Maires. Aux termes des art. 10 & 11 de l'Edit du mois de Décembre 1706, ils peuvent feuls, & à l'exclufion de tous autres Officiers & de toutes autres perfonnes, convoquer les affemblées tant générales que particulières des Villes, lorſqu’ils jugent que le ſervice du Roi, ou le bien de la Communauté le requierent, ou lorſqu’il eſt queſtion de l’élection & de la nomination des Echevins.

L’article 13 fait défenſes à toutes perſonnes *de quelque qualité & condition qu’elles ſoient*, d’aſſiſter à ces aſſemblées ; ſi ce n’eſt comme principaux habitans, ſans y pouvoir faire aucune fonction directement ni indirectement.

L’article 14 commet les Maires ſeuls pour recevoir le ferment des Echevins & des autres Officiers municipaux ; & l’article 58 veut que celui des Maires ſoit prêté au Parlement du reſſort ; & c’eſt à ce Tribunal que doit être porté l’appel des ſentences & jugemens de ces Officiers, aux termes de l’art. 14.

Les ordres concernant le ſervice du Roi doivent, en l’abſence des Gouverneurs & de leurs Lieutenans, être adreſſés aux Maires : ils peuvent même ouvrir les Lettres de cachet ou ordres ſupérieurs, & y répondre ſuivant ce qui eſt arrêté avec les Echevins. C’eſt la diſpoſition des articles 27 & 28 du même Edit.

Un Jugement du Conſeil du 22 Juillet 1707 donnoit le pas aux Subdélegués des Commiſſaires départis. La Déclaration du Roi du 26 Février 1709 révoque cet Arrêt, & veut que les Maires ayent le pas, rang & ſéance ſur ces Subdélégués, en toutes occaſions, & de particulier à particulier. Cette Déclaration eſt enrégiſtrée au Parlement.

En l’abſence du Maire, le premier Echevin tient ſa place, remplit ſes fonctions, jouit de tous ſes droits : c’eſt la diſpoſition de l’Edit du mois de Mars 1709.

D’après ces principes généraux, & ſur les circonſtances particulières, il eſt aiſé de décider du mérite des deux Ordonnances dont il s’agit.

Il paroît, ſuivant le Mémoire à conſulter, que le Subdélégué à Avranches eſt l’unique auteur de ces Ordonnances. Son animoſité contre le ſieur Payen l’a aveuglé : il s’eſt cru tout permis, & ſon aveuglement lui a fait franchir des bornes que ſon Supérieur, dont les lumieres & la droiture ſont con-

nues, ne fé feroit pas permis lui-même de passer en connoiffance de cause.

Le premier objet qui se présente, est l'affectation d'altérer le
nom du sieur Payen : c'est lui faire une injure qualifiée ; son
nom fait partie de son état. D'ailleurs le nom d'un Citoyen
appartient autant à la République que le Citoyen même ; il ne
peut être changé que par des Lettres du Prince enregistrées
dans les Cours ; parce que, comme dit Tertullien, *Fides nomi-
num salus est proprietatum*

A cette injure, on en joint d'autres plus graves. *Sur le rapport fait par le sieur de la Bretéche*, Subdélégué à Avranches,
on taxe le sieur Payen *d'incapacité*, *d'égaremens ;* on l'accuse
de s'être retiré de l'Hôtel de Ville, à l'occasion des remontrances qui lui furent faites sur sa *mauvaise administration*. Les
Loix de l'équité & du Royaume ne permettoient pas de consi-
gner des accusations si graves dans un acte public, dressé en
forme de Jugement, sans que l'accusé en fût juridiquement
convaincu. Si de pareils actes étoient autorisés, il n'y a point
de Citoyen qui ne fût exposé à chaque instant à se voir diffamé
par les menées sourdes de ses ennemis.

D'un autre côté, quand il seroit vrai que le Subdélégué eût
fait des remontrances au sieur Payen, & quand elles auroient
occasionné la retraite de cet Echevin, personne ne pourroit
lui en faire un crime. Le sieur de la Bretêche n'avoit pas
droit de les faire ces remontrances, il n'est en aucune façon le
supérieur des Officiers municipaux, qui sont subordonnés au
Parlement seul. Il ne devoit pas se trouver à l'Hôtel de Ville,
qui, aux termes des Ordonnances qui viennent d'être citées,
ne doit être ouvert à qui que ce soit, si ce n'est dans le cas
d'une Assemblée générale convoquée ; & le Subdélégué ne
peut alors y assister que comme notable, & pour y donner sa
voix, ainsi que les autres. Il paroît même que ce fait est faux,
puisque le sieur Payen offre de prouver, par le témoignage du
second Echevin & du Greffier, qui étoient seuls présens à
l'Hôtel de Ville, que les remontrances en question n'ont point
été faites.

Quant à la dispute indécente qui s'éleva en l'Hôtel de Ville
entre le sieur Payen & le nommé Corbin, ce premier Echevin

ne doit l'imputer qu'à fon peu de fermeté en cette occafion ; il devoit à fa place, il devoit au bon ordre une punition exemplaire fur un particulier qui avoit ofé entrer en la Maifon de Ville fans y être appellé, & qui avoit infulté en face un Magiftrat en fonctions, dont les opérations ne peuvent être ni détruites, ni même attaquées que par les voyes de droit.

La même Ordonnance décide que, dans les circonftances actuelles, il eft néceffaire qu'il y ait *trois* Echevins au lieu de *deux*; & en conféquence elle ordonne au Procureur-Syndic de convoquer une Affemblée des Habitans, à laquelle elle nomme le Subdélégué pour Préfident, afin d'élire un nouveau Maire, *trois* nouveaux Echevins, dont un fera pris du *Corps* des Marchands, & un nouveau Greffier ; & il eft enjoint à tous ces Officiers de gérer auffi-tôt après leur élection.

Ces difpofitions font diamétralement oppofées aux Loix, à l'équité, au droit commun, aux privilèges particuliers de la Ville d'Avranches, aux Edits & Déclarations du Roi duement enregiftrés.

10. Toute fonction publique & civile dans le Royaume s'exerce au nom du Roi feul & à fa décharge. Le droit de créer des places qui donnent le pouvoir d'exercer quelqu'une de ces fonctions eft donc intrinféquement attaché à fa Couronne. Or il n'a créé que deux Charges d'Echevin dans la Ville d'Avranches, & la Communauté les a acquifes. Le Commiffaire départi avoit-il donc le droit d'en créer une troifième ? Si la Ville eût cru avoir befoin de ce nouveau fecours, ç'eût été au Roi directement qu'il eût fallu s'adreffer, pour lui demander une nouvelle création ; & il faudroit un Edit à cet effet : c'eft la route qu'ont fuivie toutes les Villes où le nombre des Echevins a été augmenté ; & il eft étonnant que le Subdélégué d'Avranches ait imaginé que l'on pût fe comporter autrement fans attenter à l'autorité du Souverain.

Mais la Ville d'Avranches penfe au contraire qu'*il eft utile pour elle que le nombre des Echevins, reglé à deux, ne foit pas augmenté ; que la multiplicité des Officiers municipaux multiplieroit le nombre des exempts, dans un tems où la Ville, furchargée de toutes parts, ne peut fuffire à acquitter fes charges.* C'eft l'avis de l'ordre des Avocats, & les Chanoines de la Cathédrale

thédrale regardent cette innovation comme *contraire aux droits & privilèges de la Ville :* cependant *l'avis* unique & folitaire du fieur de la Bretêche l'emporte fur ces raifons & fur ces délibérations ; il fert de bafe à cette Ordonnance importante, préjudiciable à la Ville, & attentatoire à l'autorité du Prince.

2°. Le Commiffaire départi ne pouvoit pas commettre le Procureur-Syndic pour convoquer l'Affemblée ; ce droit eft refervé aux Maires ; les articles 10 & 11 de l'Edit du mois de Décembre 1706 y font formels.

3°. Il ne pouvoit pas commettre le Subdélégué pour y préfider. Les Loix rapportées plus haut ne donnent au Subdélégué la faculté d'y affifter que comme un des principaux Habitans : toute autre fonction lui eft interdite, & il doit céder le pas, en toute occafion, aux Officiers municipaux.

4o. Le fieur Payen, Officier public, Magiftrat de la Ville, élu dans les règles, ne pouvoit être deftitué fans caufe ; & à plus forte raifon avec une caufe infamante, & fans avoir été entendu ; fur-tout lorfqu'il fe préfentoit. Il avoit mis fon oppofition fur les Regiftres de l'Hôtel de Ville, cinq jours après l'enregiftrement de l'Ordonnance du Commiffaire départi ; il falloit donc l'entendre. Nos Ordonnances ne permettent de condamner par défaut que ceux qui ne fe préfentent pas ; & dans ce cas même elles défendent de prononcer contre le défaillant, que lorfque la demande *fe trouve jufte & bien vérifiée.* Ordonnance de 1667, tit. 4, art. 3, parce que, comme dit la Loi 13 *de judic. Cod. §. 4, litigatoris abfentia Dei præfentiâ repleatur.*

Si des maximes fi fages doivent être fuivies à la lettre dans les affaires particulières, à plus forte raifon doivent-elles l'être quand il s'agit de la deftitution d'un Magiftrat. L'établiffement des Officiers dans le Royaume n'a eu pour objet que de décharger le Monarque des détails de la juftice qu'il doit à fes Sujets ; mais ils ne peuvent remplir ce devoir important qu'autant qu'ils jouiffent d'une liberté pleine & entière dans leurs opinions & dans leurs fonctions. La juftice eft incompatible avec les complaifances qu'exigent les perfonnes qui ont la force en main.

F

Auſſi voyons-nous que, dans tous les âges de la Monarchie, les Rois n'ont rien négligé pour aſſurer cette liberté aux Officiers, pour mettre leurs perſonnes à l'abri de tout ce qui peut les intimider dans l'exercice de leur miniſtère, & pour les prémunir contre la crainte de ces coups d'autorité qui pourroit gêner l'obſervation de leur devoir.

Si nous parcourons les monumens de la ſageſſe des Rois de la ſeconde Race, nous trouverons qu'ils proteſtent de ne jamais porter atteinte à l'honneur, à la ſûreté, à la liberté de l'Officier, de ne jamais le moleſter, l'opprimer, lui infliger aucune peine, ni le condamner par la voye d'autorité arbitraire. *Ut omnes veraciter ſint de nobis ſecuri . . . unicuique . . . rectam rationem & juſtitiam conſervabimus : & nullum Fidelium noſtrorum contrà legem vel juſtitiam aut autoritatem, aut juſtam rationem damnabimus, aut deshonorabimus, aut opprimemus, aut indebitis machinationibus affligemus, & legem unicuique competentem ſervaturos perdonamus. Baluz. capit. to. 2, p. 46. Omnes Fideles noſtri certiſſimum teneant neminem promerito honore debere privari, niſi juſtitiæ judicio, & ratione atque æquitate dictante, ibid. p. 6.*

Si nous paſſons à la troiſième Race, nous trouvons que Charles V, par ſon Ordonnance du 28 Mai 1359 « caſſa com-
» me vaines, nulles, tortionnaires & injurieuſes les deſtitu-
» tions faites *ſans Loi, ſans Jugement, contre tout ordre de*
» *droit & de Coutume,* qui en rien n'y étoient gardés, *les Ti-*
» *tulaires n'ayant été ni appellés, ni ouis, ni convaincus.* » Louis XIII, par ſon Edit de 1616, veut & ordonne que « ceux qui
» ſont troublés, en quelque ſorte que ce ſoit, en la fonction
» & exercice de leurs Charges, contre les Loix du Royaume,
» ſoient remis & retablis, ſuivant & conformément au pou-
» voir qui leur en a été expédié.

La nullité de l'Ordonnance que l'on diſcute ici n'eſt-elle pas diſertement prononcée par des Loix ſi ſages, & dont le maintien eſt ſi néceſſaire; puiſqu'elles ont pour objet de ſoutenir les Officiers dans le devoir qui leur eſt impoſé de rendre la juſtice à la décharge du Souverain, & avec la même équité & la même fermeté qu'il la rendroit lui-même, s'il lui étoit poſſible d'entrer dans tous les détails?

5°. La difpofition de l'Ordonnance du Commiffaire départi qui porte que le *troifième* Echevin fera élu du Corps des Marchands, eft encore attentatoire à l'autorité du Roi, & contraire au bien commun de la Ville.

Les Marchands ne font point Corps dans la Ville d'Avranches, ils n'y déliberent chacun que dans leur Paroiffe. Les Echevins doivent être choifis parmi les Bourgeois notables, de quelque état qu'ils foient, & même parmi les Marchands, lorfque, dans le nombre de ceux de cette profeffion, il s'en trouvera de capables de remplir cette place. C'eft ce que porte la délibération fage & refléchie de l'Ordre des Avocats de cette Ville.

De quel droit le Subdélégué, fous le nom du Commiffaire départi, érige-t-il donc en Corps des Particuliers qui n'en forment point? C'eft un fecond attentat à l'autorité du Souverain, qui feul peut faire ces fortes de créations; & il faut alors que fa volonté foit manifeftée avec tout l'appareil qui annonce le Légiflateur. Il faut des Lettres Patentes revêtues du fceau de la Couronne, & enregiftrées dans les Cours Souveraines. Mornac fur la Loi 3, *ff. de Collegiis;* Beaumanoir, chap. 50; Coutume de Nivernois, chap. 1, art. 7; Coutume de Bourbonnois, art. 19; Coutume de la Marche, art. 6 au titre de Jurifdiction; Defmarêts, décifion 46; Bodin, dans fa République, liv. 3, chap. 7; Loyfel, en fes Inftitutes coutumieres, liv. 3, tit. 3, n. 23; &c.

Mais quand ces Marchands formeroient un Corps, trois raifons d'équité s'oppoferoient à ce qu'on pût leur attribuer exclufivement une place municipale. Cette attribution ne les exclud pas de celles qui reftent affectées aux Notables en général. Ainfi, à la faveur de la protection dont il paroît qu'ils jouiffent, il peut arriver qu'ils fe trouvent prefque feuls à la tête de la Ville.

En fecond lieu on a obfervé, dans le Mémoire à confulter, que le trafic de ces Marchands confifte uniquement dans l'importation; qu'ainfi ils font fortir fans ceffe les efpèces du canton, fans y en faire rentrer. Leur débit augmente donc continuellement leur capital, tandis que les autres Citoyens, bornés à la confommation de leurs revenus, font forcés de refter dans l'état naturel de leur fortune. Il y a plus : ces Marchands ne formant point de Corps, ne poſſédant preſque point d'im-meubles, ne payent aucuns des impôts réels ſupportés par les propriétaires, quoiqu'ils doivent être les plus fortunés de la Ville. Ainſi, loin d'attribuer à ce prétendu Corps un Office qui exempte celui qui en eſt revêtu de la contribution aux charges publiques, on devroit, ſuivant le ſyſtême que le ſieur Payen vouloit établir, charger les Marchands à proportion de leurs richeſſes, & les forcer de ſoulager des Habitans, dont ils font inſenſiblement paſſer toute la ſubſtance dans leurs mains.

On voit, il eſt vrai, que dans les Villes commerçantes, les Marchands ont la principale part aux Offices municipaux : mais alors ils forment des Corps autoriſés par Lettres Patentes; & ces Corps font utiles à l'Etat, tant par les tributs annuels qu'ils lui payent, que par les ſommes qu'ils lui avancent dans les cas preſſés. D'ailleurs ils ne ſont pas bornés à un ſimple trafic, comme ceux d'Avranches. Leur commerce, qui con-ſiſte tant dans l'importation que dans l'exportation, & dans les manufactures, repand l'abondance dans les contrées qu'ils habitent.

Enfin il ſeroit injuſte que la Ville, ayant fait la dépenſe de payer la finance de ſes Offices, fût encore chargée d'un nou-vel Officier exempt de toutes contributions municipales, ſans que le prétendu Corps qui doit excluſivement fournir cet Of-ficier, payât une faveur ſi étrange par aucune finance, ni par aucun dédommagement en faveur d'une Communauté, dont les reſſources paroiſſent ſi peu fécondes.

6°. L'Ordonnance du Commiſſaire départi, en preſcrivant que tous les Officiers nouvellement élus géreront auſſi-tôt après leur élection, eſt encore en contravention avec les vé-ritables règles. Il doit toujours y avoir, dans toutes les Villes, un ancien Echevin avec un moderne, afin que le premier puiſſe mettre celui-ci au fait des affaires commencées, & l'inſtruire des déciſions déja formées. Dépend-il donc du Commiſſaire départi de changer une forme d'adminiſtration que nos Rois ont trouvée utile, & même néceſſaire au bien des Villes ?

7°. Enfin les délibérations municipales ne doivent point

être envoyées au Commiffaire départi : il n'a le droit ni de les
vifer, ni de les homologuer ; l'Edit de 1706, & la Déclaration de 1709 n'y laiffent aucun doute. Ces délibérations formées par le vœu des Habitans en la manière accoutumée, fe
fuffifent à elles-mêmes ; & ceux qui croyent pouvoir s'en
plaindre n'ont d'autre voye contr'elles que l'appel au Parlement du reffort : l'article 14 de l'Edit de 1706 le décide.

Cette premiere Ordonnance péche donc & dans la forme
& au fond ; elle eft faite fans droit, fans pouvoir, contre les
difpofitions des Ordonnances, contre le vœu de la Ville, au
préjudice de fes privileges & de fes intérêts. Elle tend enfin à
déshonorer un Citoyen qui ne l'a pas mérité.

La feconde Ordonnance, qui n'eft que la fuite de celle-là ;
n'eft pas plus régulière.

Elle traite d'abord l'avis des Avocats, qui n'eft que l'ex-
preffion de la Loi, des Ufages, des Coutumes, qui eft dicté
par la juftice & adopté par la raifon, elle le traite de *verbal
inutile* ; & celui des deux Paroiffes qui n'ont pas opiné pour la
deftitution du fieur Payen, de *foutien frivole* ; & toujours *fur
l'avis du fieur de la Brétéche, & fur ce qui en réfulte.*

Elle réfume enfuite les fuffrages ; & en conféquence déclare
bien nommés & élus un nouveau Maire, *trois* nouveaux Echevins & un nouveau Greffier.

La preuve de la néceffité de la pluralité des fuffrages pour
former une élection légitime, & du défaut de pluralité dans
celles dont il s'agit, eft portée jufqu'à la démonftration la plus
frappante dans le Mémoire à confulter ; & le Confeil ne croit
pas devoir y rien ajouter.

Mais comment deux de ceux fur qui on fuppofe que cette
pluralité eft tombée, n'ont-ils pas été exclus ? On voit, par le
Mémoire, que celui qui a obtenu la place de Maire eft comptable envers la Ville depuis plufieurs années, fans qu'on ait pu
le déterminer à rendre fon compte. Sa qualité de Comptable,
& la longue demeure où il eft de rendre ce compte, le font
préfumer débiteur. Cependant on lui défère une place qui le
met à l'abri de toutes pourfuites à cet égard, & qui lui donne
la difpofition de tous les titres & de tous les papiers de la
Ville. Auffi l'Ordre des Avocats n'avoit-il pas jetté les yeux
fur lui.

Celui auquel on a déféré la place d'Echevin nouvellement créée, non-feulement doit à la Ville un ancien compte, mais il eft jugé reliquataire envers elle d'une fomme affez confidérable, pour laquelle il eft fujet à la conttainte par corps. Et l'on met à la tête de la Ville un Marchand qui retient fes deniers, & qu'elle auroit, au premier inftant, le droit de priver de fa liberté !

Il y a plus : les pratiques que, fuivant le Mémoire, il a mifes en œuvre, loin de lui mériter la place qu'il ambitionnoit, auroient dû lui en donner l'exclufion. La démarche d'aller de porte en porte faire figner la Requête dont a réfulté la création du troifiéme Office d'Echevin, eft une de ces affociations illicites & prohibées par toutes les Loix & par la Jurifprudence : & fi le Procureur du Roi au Bailliage d'Avranches eût eu connoiffance de cette manœuvre, elle auroit été un jufte objet de fon animadverfion.

Il ne fur donc jamais ni d'élections plus nulles, ni d'Ordonnances plus irrégulières.

Quel parti doit donc prendre le fieur Payen ? Le Confeil eftime qu'il doit porter au Parlement de Rouen l'appel de la nouvelle élection des Officiers municipaux d'Avranches. Ce Tribunal a feul droit de connoître de cette affaire importante. C'eft à lui qu'eft déféré l'appel des Jugemens & des délibérations municipales ; c'eft lui qui doit recevoir le ferment des Maires. C'eft donc lui qui doit connoître de la police du Corps.

D'ailleurs c'eft au Parlement qu'appartient la grande police dans tout fon reffort, & l'exécution des Edits & Déclarations du Roi. Ceux qui portent création des Maires & Echevins en Offices y ont été enrégiftrés. Il eft donc chargé feul de les faire exécuter.

Délibéré à Paris le 19 *Décembre* 1759. TAUXIER, PAIGNON, ROUSSELET, MAILLOT, CAILLAU, DOLLET DE SOLIERES, COQUELEY DE CHAUSSEPIERE, A. ROUSSEAU, RICHER, PERRAULT DE BRUEL, BOYS, JOBART, TENNESON, VAUBERTRAND, PAIGNON DE BRETIGNY, J. TEXIER, QUINETTE.

De l'Imprimerie D'ANDRÉ KNAPEN, au bas du Pont S. Michel. 1760.